JÜDISCHER FRIEDHOF
MÉMORIAUX DU MUR
B
Volkspark Friedrichshain
ALEXANDERPLATZ
MUSEUMSINSEL
ÎLE AUX MUSÉES
A
Karl-Marx-Allee
HOLOCAUST-MAHNMAL
MÉMORIAL DE L'HOLOCAUSTE
BERLINER OSTBAHNHOF
C
CHECKPOINT CHARLIE
OBERBAUMBRÜCKE
JÜDISCHES MUSEUM
MUSÉE JUIF
Görlitzer Park
SPREE
D
Treptower Park
Volkspark Hasenheide
Tempelhofer Feld

BIENVENUE À

BERLIN

Moderne, cosmopolite, branchée, écolo, monumentale et excentrique, la capitale de l'Allemagne fascine. Bien sûr, elle porte les cicatrices laissées par une guerre apocalyptique et un rideau de fer qui la morcela pendant près de 30 ans. Mais, avec audace et vitalité, ses quartiers reconquièrent peu à peu l'espace : l'architecture contemporaine recouvre les *no man's land* d'hier, les friches industrielles deviennent des lieux de fêtes, les musées éblouissants le disputent aux galeries underground... Dans cette métropole sans réel centre et en perpétuel chantier subsiste un parfum de tous les possibles.

Avec Cartoville, la ville s'ouvre à vous !

Retrouvez dans ce guide toutes les bonnes adresses d'Alexandra Roullé. Architecte, Alexandra habite à Berlin depuis 14 ans.

SOMMAIRE

INCONTOURNABLES

E

Reichstag

L'audacieuse coupole de verre de Norman Foster (1999), qui coiffe le Parlement allemand, s'arpente jusqu'au zénith au fil d'une longue rampe hélicoïdale.

E

Brandenburger Tor

Placée sur le tracé du Mur, la célèbre porte de Brandebourg est restée fermée de 1961 à 1989... Depuis, elle accueille toutes les grandes manifestations du pays réunifié !

A

Museumsinsel

Cette fabuleuse "île aux musées" retrace plus de 6 000 ans d'art et d'histoire : du buste de Néfertiti à l'autel de Pergame, ses chefs-d'œuvre ressuscitent l'Antiquité !

DEM DEUTSCHEN VOLKE

E

Holocaust-Mahnmal

Mémorial glaçant au plus glaçant des souvenirs, ses 2 711 stèles en béton brut incarnent la peur et la mort. L'image d'une dette incommensurable à 6 millions de victimes…

E

Potsdamer Platz

Elle symbolise la renaissance de Berlin ! Ravagée pendant la guerre, désolée à l'époque du Mur, cette place historique a été relevée dans l'esprit le plus contemporain et high-tech.

E

Gemäldegalerie

Quelque 1 200 chefs-d'œuvre retraçant les plus belles pages de l'histoire de l'art européen du XIIIe s. au XVIIIe s. : la pinacothèque nationale donne le vertige !

F

Schloss Charlottenburg

Fastueux legs baroque, le château de Charlottenburg (XVIIIe s.) nous reconduit aux riches heures de la Prusse. Jardins romantiques en prime !

D

Jüdisches Museum

Chef-d'œuvre de Daniel Libeskind, le Musée juif ébranle : son architecture déstructurée, tout en meurtrières et angles aigus, mime le déracinement, la persécution et la disparition.

C

Alexanderplatz

Vitrine triomphante de la RDA dans les années 1960–1970, la place démesurée, ouvrant sur la Karl-Marx-Allee, préserve le décor le plus daté au pied de la célèbre tour de la Télévision.

F

Kaiser-Wilhelm-Gedächtnis-Kirche

Vestige meurtri de la guerre, l'église du Souvenir dresse son beffroi amputé auprès d'un clocher de béton et de verre ajouté en 1961. Deux flèches illuminées dans la nuit...

A B

Mémoriaux du Mur

Une cicatrice poignante, de Checkpoint Charlie à l'East Side Gallery, en passant par le Gedenkstätte Berliner Mauer, "zone de sûreté" devenue mémorial de la violence.

BERLIN AUTREMENT

D PIQUER UNE TÊTE DANS UNE RIVIÈRE

Une plage inondée de soleil et des eaux turquoise à Berlin, c'est possible ! Rejoignez donc le délicieux bassin flottant de l'Arena, posé sur la Spree à l'est du quartier de Kreuzberg. Le plus dur sera de choisir son transat...

→ **Arena / Badeschiff** (**D** F2)
Eichenstrasse 4 (à l'est de Schlesische Strasse)
Tél. 030 533 20 30
Mai-sep. : tlj. 10h-19h30 (variable selon météo)
Réservation en ligne obligatoire sur www.arena.berlin
Tarif 7€ (valable 2h)

B SUIVRE LE TEMPO À L'ENTREPÔT

Dans une ville mélomane comme Berlin, il est des institutions inattendues : ainsi le Piano Salon Christophori, hangar envahi d'antiquités, de lampes, pianos, tables, etc. Dans cette brocante surréaliste, on prend place sur des banquettes vieillies avant d'écouter religieusement les premières notes de musique... Attention, faute de chauffage l'hiver, il faudra vous couvrir !

→ **Piano Salon Christophori** (hors plan **B** B1)
Uferstrasse 8-11 Réservation en ligne obligatoire sur www.konzertfluegel.com

D FAIRE DU VÉLO SUR UNE PISTE D'AÉROPORT

Spectacle unique sur le site de l'aéroport de Tempelhof, rendu aux Berlinois en 2008 : l'immense tarmac est aujourd'hui envahi par les bicyclettes ! Un lieu de balade inattendu, environné de buvettes, de jardins partagés et de galeries en plein air : un véritable laboratoire urbain, qui fait décoller la ville...

→ **Tempelhofer Feld** (**D** C4) Entrées sur Columbiadamm, Oderstrasse, Tempelhoferdamm www.thf-berlin.de

D SE RETROUVER DANS UN BIERGARTEN

Des tables à l'ombre de grands arbres, des plats très copieux, des groupes d'amis et la bière qui coule à flots : pas de meilleure alchimie pour passer l'été outre-Rhin et profiter de la douceur de vivre à la berlinoise dans l'un des meilleurs *Biergarten* de Kreuzberg. Détente au vert, ambiance festive et, parfois, des concerts.

→ **Golgatha** (**D** A3) Viktoriapark (entrée par Katzbachstrasse ou Dudenstrasse 40-64) Tél. 030 785 24 53 Avr. : lun.-jeu. 12h-21h, ven.-sam. 12h-tard ; mai-sep. : lun.-jeu. 9h-21h, ven.-sam. 9h-tard (variable selon la météo)

(F) CULTIVER LA WESTALGIE

Oubliez l'Ostalgie (la nostalgie de la RDA) et les promesses de Berlin-Est, la dernière mode est au charme vintage de l'Ouest ! On franchit le Mur comme autrefois pour aller manger chez Rogacki, une cantine inchangée depuis les années 1960, où l'on ne serait pas étonné de croiser l'inspecteur Derrick lui-même. Debout au bar, on déguste poissons frais, anguilles ou harengs de la Baltique. Plat 7–23€.

→ **Rogacki** (**F** C2) Wilmersdorferstrasse 145/146 Tél. 030 34 38 250 Mar.-ven. 10h (9h ven.)-18h, sam. 8h-14h www.rogacki.de

(D) JOUER AU MINIGOLF DANS LE NOIR

Expérience sensorielle inédite au Black Light Mini Golf, qui résume l'esprit pionnier et arty du quartier de Kreuzberg. Armé d'une canne, de lunettes 3D et d'un pendentif lumineux, vous aurez à réaliser votre 18-trous à l'aveugle ! Avec l'impression de voyager sur la Lune, tout en croisant l'ours, symbole de Berlin, et la porte de Brandebourg…

→ **Black Light Mini Golf Berlin** (**D** E2) Görlitzer Strasse 1 Tél. 030 61 62 19 60 Mer.-dim. 15h-23h schwarzlicht-minigolf-berlin.de 10€ la partie

C FAIRE LA FÊTE EN PLEIN JOUR

Un déluge de beats faisant vibrer toute une rue en milieu de journée ? Ça, c'est Berlin ! Dans la capitale de la techno (et de tous ses dérivés les plus pointus), pas question de s'endormir... D'*after* en *before*, on oublie tout au Berghain, club mythique installé dans une immense centrale électrique qui semble avoir été transformée en enceinte géante.

→ **Berghain** (**C** D3) Am Wriezener Bahnhof
Tél. 030 29 36 02 10
Programmation sur Internet : www.berghain.de

D MANGER UN BURGER AU PIPI-ROOM

Sous les rails du U-Bahn aérien, rien ne vous étonnera plus : d'anciennes toilettes publiques abritent aujourd'hui... des cuisines ! Bienvenue chez Burgermeister, "maître burger" qui ose les déclinaisons les plus généreuses (au chili, végans, etc.). On s'assied sur des caisses de bière, devant l'édicule de style 1900.

→ **Burgermeister** (**D** F1) Oberbaumstrasse 8
Tél. 030 23 88 38 40 Tlj. 11h-1h (4h ven.-sam.)
burger-meister.de

BERLIN

EN 3 JOURS

JOUR 1 .... (A)(B)(E)

MATIN Journée dans le centre historique, Mitte, longtemps divisé par le Mur. Entrée en matière devant **Brandenburger Tor**, l'arc de triomphe de Berlin qui rappelle la frontière entre l'Est et l'Ouest. De là, on s'exile dans le labyrinthe de l'émouvant Holocaust-Mahnmal, puis l'on découvre la Potsdamer Platz, vitrine du Berlin réhabilité. Au nord, la coupole du **Reichstag** mérite un détour.

APRÈS-MIDI Remonter Unter den Linden, la prestigieuse avenue de l'Est, jusqu'à l'île aux Musées (**Museumsinsel**). Ils sont si vastes et si riches qu'il faudra faire des choix afin de revivre 6 000 ans d'art et d'histoire !

On adore...
Un cookie ou une part de gâteau au noix au **Barcomi's Deli** (*Sophienstrasse 21 Lun.-sam. 9h-19h (21h ven.-sam.), dim. 10h-19h*), idéal pour un goûter sur la ravissante Sophienstrasse.

Franchir la Spree et prendre le temps d'admirer les cours de **Hackesche Höfe**. Puis retour au temps du Mur sur la promenade-mémorial de Gedenkstätte Berliner Mauer.

SOIR Enfin, on se remet de ses émotions dans le quartier arboré de **Prenzlauer Berg**, jalonné de restaurants où l'on pourra dîner. Pour les couche-tard, direction l'Est et Friedrichshain, fief incontournable des nuits berlinoises.

JOUR 2 .... (B)(C)(E)

MATIN Voyage en RDA ! Balade matinale sur la mythique Alexanderplatz, avant de longer la **Karl-Marx-Allee** à l'architecture stalinienne. Puis découverte de la vie quotidienne au temps de l'Allemagne communiste au DDR Museum.

Un saut en métro et on célèbre la réunification du pays devant l'**East Side Gallery**, le plus long pan de Mur conservé, qui déroule son ruban de peintures murales. Autour, le quartier fêtard de Friedrichshain se réveille tout juste : parfait pour se restaurer.

Coup de cœur !
Faire une pause dans un cimetière et sa chapelle transformée en café, c'est possible : direction **21 Gramm** (*Hermannstrasse 179 Mar.- dim. 9h30-17h)*

APRÈS-MIDI Métro vers **Kreuzberg**, où le Jüdisches Museum, hommage à l'histoire juive, promet une expérience forte : on se laisse happer par ce bâtiment sans vraies fenêtres, ses couloirs aux issues étranges et sa tour de béton.

SOIR Flânerie via le Park am Gleisdreieck, le Victoriapark et la Chamissoplatz jusqu'à l'ancien aéroport de **Tempelhof**... pour une balade inédite sur son immense tarmac. Pourquoi ne pas prévoir un pique-nique ?

Enfin, il sera l'heure de faire la fête à Kreuzberg et Neukölln, riches en propositions.

JOUR 3 .... (E)(F)

MATIN

Direction le cœur de Berlin-Ouest pour une balade sur son avenue emblématique, jalonnée de beaux immeubles, **Kurfürstendamm**. Ne pas manquer l'église du Souvenir, ou Kaiser-Wilhelm-Gedächtnis-Kirche, avec sa nef bleu nuit et son mémorial.

Gagner ensuite le Schloss Charlottenburg, château des rois de Prusse dont il faut voir les somptueux intérieurs et les jardins. L'Orangerie tombe à point nommé pour le déjeuner.

APRÈS-MIDI

Rendez-vous au **Tiergarten**, immense poumon vert propice à la détente. Grimper en haut de la Siegessäule, ou colonne de la Victoire : le magnifique panorama au sommet récompense l'ascension des 258 marches !

On aime !
De passage au Tiergarten le week-end ? Ne pas manquer le marché aux puces, **Trödelmarkt** (**F** E2), qui s'y déploie les samedi et dimanche (10h-17h). Le plus grand de la ville, où dénicher un objet kitsch de la RDA.

Marcher ensuite vers le sud jusqu'au **Kulturforum**, ancienne vitrine culturelle de la RDA. Parmi ses institutions, la Neue Nationalgalerie, écrin moderniste signé Mies van der Rohe, et la Gemäldegalerie, à visiter pour son éblouissante collection de peinture européenne.

SOIR

Opéra ou concert, en ayant réservé en même temps que son vol ! Le must : la Philharmonie, dans le Kulturforum, ou sur Unter den Linden, le **Staatsoper**. Il faudra opter pour un dîner tardif...

BONS PLANS

POUR **NE RIEN MANQUER**

Connaître le programme !

Pour ne rien manquer des grands événements, expositions, concerts ou festivals.
→ www.visitberlin.de

Réserver ses places

Prendre ses billets tôt pour les expositions qui font l'événement, et pour un concert ou un opéra aux mythiques Staatsoper, Konzerthaus et Philharmonie. Réserver également la montée à la coupole du Reichstag.

POUR **GAGNER DU TEMPS**

Acheter des billets coupe-file

L'attente peut être longue aux portes des plus grands musées.

POUR **FAIRE DES ÉCONOMIES**

Pass touristiques

Welcome Card Transports en commun illimités et réductions sur les principaux musées et attractions.
→ www.berlin-welcomecard.de
De 2 j. (24/29€) à 6 j. (50/53€)

Museum Pass Pass pour le Museumsinsel et plusieurs musées.
→ www.visitberlin.de 29€/3 j.

Forfaits musées Un seul billet valable pour les nombreux musées, d'une part, de Museumsinsel et, d'autre part, de Kulturforum.

Visites guidées

Avec Alternative Berlin Tours, des déambulations pour découvrir un Berlin alternatif. Montant de la contribution au choix !
→ alternativeberlin.com

Street food

Currywurst dans un *Imbiss* comme Konnopke's Imbiss (**B** E2) ou Curry 36 (**D** A2), ou en-cas sur les stands du Markthalle Neun (**D** E1).

Marchés aux puces

Un must dominical, pour dénicher un livre, un bibelot ou un vêtement de 1 à 10€.

Auberges de jeunesse

Elles proposent des chambres privées, avec salle de bains. On peut compter sur le confort allemand ! Grand Hostel, The Circus Hostel (p.33).

Bars et clubs alternatifs

Sorties bon marché dans les quartiers de Scheunenviertel (**B**), Friedrichshain (**C**) et Kreuzberg (**D**).

POUR **NE RIEN DÉPENSER**

Expositions en plein air

Passionnantes et émouvantes, elles racontent le XXe s. : Checkpoint Charlie, Topographie des Terrors, Gedenkstätte Berliner Mauer, East Side Gallery.

Concerts gratuits

Musique live au Tiergarten (**E** B3-C3)
Tout l'été, il accueille des concerts en plein air : jazz, world, soul, etc.
→ Englischer Garten Juil.-sep. : dim. 16h-19h

Lunch concerts à la Philharmonie (**E** D4)
Concerts dans le foyer à l'heure du déjeuner.
→ Sep.-juin : mer. 13h Durée 40-50 min

Karaoké géant au Mauerpark (**D**)
Le public encourage des chanteurs improvisés !
→ Dim. 15h

Entrée libre au musée

Tränenpalast, Reichstag, Holocaust-Mahnmal, Bauhaus-Archiv, Urban Nation et Künstlerhaus Bethanien.

Galeries d'art

Poussez les portes des galeries dans cette ville bouillonnante et arty ! Par exemple, dans les quartiers de Scheunenviertel (**B**), de Kreuzberg et Neukölln (**D**), ou sur Potsdamer Strasse (**E**).

POUR **DÉCOUVRIR LA VILLE LOIN DES FOULES**

Océans de verdure

Les parcs de Berlin, si vastes transportent la ville à la campagne : Tiergarten (**E** B3-C3), Volkspark Friedrichshain (**C** C1), Park am Gleisdreieck (**D** A2), Tempelhofer Feld (**D** C4).

Quartiers résidentiels

Des zones moins fréquentées mais très berlinoises pour des balades tranquilles. Schöneberg (**E**), Sophienstrasse (**B** D3), Prenzlauer Berg (**B**), Chamissoplatz (**D** B3).

Refuges exclusifs

Après avoir arpenté les quartiers touristiques, on sera content de dîner ou de siroter un cocktail dans un... palace ! Chiaro *(Behrenstrasse 37 Lun.-ven. 12h-15, 18h-22, w.-e. 18h-22h)*, The Lobby Lounge & Bar-Hotel Adlon (*Unter den Linden 77, tlj. 8h-1h*), Qiu (**E** D4).

Pause au sommet

Rendez hommage à Wim Wenders et à son film *Les Ailes du désir* en vous attablant au-dessus des nuages : The Rooftop Terrace (*Hotel de Rome, Behrenstrasse 37 Mai-sep. : tlj. 12h-22h)*, Panorama Café (*Potsdamer Strasse 1, tlj. 11h-18h30*).

Musées confidentiels

Admirez des chefs-d'œuvre hors des grands musées, en toute intimité : Akademie der Künste (**F** F2), Käthe-Kollwitz-Museum (**F** E4), Brücke-Museum (voir p. 26)...

AGENDA

FÉVRIER

Berlinale

Festival international de cinéma. À Potsdamer Platz (**E** D4) et dans d'autres lieu.
→ 10 j. en fév. www.berlinale.de

MARS

MaerzMusik

Festival de musique contemporaine.
→ 9 j. en mars
www.berlinerfestspiele.de

Festtage

Opéras et concerts de musique classique au Staatsoper et à la Philharmonie.
→ 10 j. mars-avr.
www.staatsoper-berlin.de

Theatertreffen

Théâtre d'avant-garde.
→ 2 sem. mai
www.berlinerfestspiele.de

MAI-JUIN

Karneval der Kulturen

Carnaval muticulturel à Kreuzberg : défilés, concerts...
→ w.-e. de Pentecôte
www.karneval.berlin

48 Stunden Neukölln

Pendant "48 heures", l'art sous toutes ses formes envahit Neukölln.
→ 3 j. mi-juin
48-stunden-neukoelln.de

You Summer Festival

Une "foire de la jeunesse", autour de la musique, du sport et de l'éducation.
→ 3 j. mi-juin www.you.de

JUILLET-AOÛT

Christopher Street Day

Grande parade de la Gay Pride.
→ En juil. csd-berlin.de

Classic Open Air

Concerts en plein air sur Gendarmenmarkt. Stars de la scène classique, mais aussi groupes de pop, rock ou jazz.
→ 5 j. en juil.
www.classicopenair.de

Lange Nacht der Museen

Nuit des musées : expos, ateliers et conférences.
→ Une nuit en août
www.lange-nacht-der-museen.de

SEPTEMBRE

Musikfest Berlin

Concerts d'orchestres internationaux.
→ 18 j. en sep.
www.berlinerfestspiele.de

Berlin Art Week

Le rendez-vous incontournable de l'art contemporain à Berlin : expos, foire, conférences, visites guidées...
→ 6 j. en sep.
www.berlinartweek.de

OCTOBRE

Tag der Deutschen Einheit

La fête nationale commémore la réunification du pays. Festivités autour de la porte de Brandebourg.
→ 3 oct.

Festival of Lights

Illuminations et concerts.
→ 10 j. en oct.
www.festival-of-lights.de

NOVEMBRE

Jazz Fest Berlin

Pointures internationales.
→ 4 j. en nov.
www.berlinerfestspiele.de

Sankt Martin

Les enfants défilent avec des lampions.
→ 11 nov.

DÉCEMBRE

Weihnachtsmärkte

Marchés de Noël dans toute la ville.
→ Dès le 1er dim. de l'Avent
www.weihnachteninberlin.de

Nikolaus

La Saint-Nicolas.
→ 6 déc.

Silvester

Feux d'artifice et fusées tirés par des particuliers : très impressionnant !
→ 31 déc.

REPÈRES

LE **MUR**

Érigé dans la nuit du 12 au 13 août 1961 par l'Allemagne de l'Est (RDA) pour endiguer l'émigration de ses habitants vers l'Ouest, le Mur divisa Berlin pendant vingt-huit ans, jusqu'à sa chute le 9 novembre 1989. En tout, 387 personnes furent tuées en tentant de franchir ce Mur, véritable dispositif militaire long de 155 km, haut de 3,60 m et surveillé par près de 14 000 gardes. De nombreux lieux de mémoire parsèment la ville : voir *Sur les traces du Mur à vélo*, p. 24.

LES **DATES CLÉS**

1244	Première mention écrite de Berlin
1701	Capitale du royaume de Prusse, puis du IIe Reich (1871-1918)
1941-1945	60 000 juifs berlinois sont déportés
Juin 1945	Les Alliés divisent la ville en quatre secteurs
1948-1949	Blocus par l'URSS
17 juin 1953	Soulèvement ouvrier à Berlin-Est. Fuite des habitants vers l'Ouest
1961-1989	Mur de Berlin
3 oct. 1990	Réunification
20 juin 1991	De nouveau capitale de l'Allemagne
1994	Départ des Alliés
Avr. 1999	Le Reichstag redevient Parlement

L'ARCHITECTURE

MÉDIÉVALE
La **Nikolaikirche** est l'un des rares vestiges de cette époque.

ROCOCO
Dorures et tons pastel sont à l'honneur sous Frédéric II, qui fait bâtir le **Schloss Sanssouci** à Potsdam.

MODERNE
Dans les années 1920, l'abstraction des formes et le fonctionnalisme culminent avec le Bauhaus, qui signe l'étonnante **Shell-Haus**.

SOCIALISTE
Allées pompeuses et bâtiments solennels quadrillent la ville.
À voir, la colossale **Karl-Marx-Allee**.

CONTEMPORAINE
Depuis 1989, Berlin est devenue le laboratoire des plus grands architectes du monde ! Leurs audacieuses réalisations donnent un air futuriste à la **Potsdamer Platz**, au **Regierungsviertel** et au quartier du gouvernement.

Unter den Linden

Tränenpala

★ Berliner Dom E1
La cathédrale néobaroque protestante (rebâtie en 1905) abrite, sous le luxe de sa nef, 95 sarcophages des Hohenzollern, d'Andreas Schlüter. Formidables concerts d'orgue Sauer.
→ *Am Lustgarten*
Tél. 030 20 26 91 36
Lun.-ven. 10h-17h, sam. 10h-16h, dim. 12h-16h (horaires variables)
www.berlinerdom.de Tarif 9€

★ Humboldt Forum E2
L'édifice, construit en 2019 par Franco Stella à l'emplacement du château des Hohenzollern, reproduit la coupole monumentale et trois façades de l'ancien édifice baroque ; la quatrième, donnant sur la Spree, dénote par ses lignes pures. À l'intérieur, un musée d'Ethnologie, un musée des Arts asiatiques, des boutiques et divers cafés.
→ *Schlossplatz 5*
Tél. 030 265 95 00

Museumsinsel D1
Un fabuleux nid de musées (1828-1930), cerné par la Spree et son canal.
→ *Tél. 030 266 42 42 42*
Mar.-dim. 10h-18h

Altes Museum
Dans le grandiose édifice (1828) de Schinkel, aux allures de temple grec, un des plus beaux musées d'antiquités au monde.
→ *Tarif 10€ ou pass 19€*

Neues Museum
Au centre, le splendide Musée égyptien dont la vedette se nomme Néfertiti (v. 1340 av. J.-C.), et tout autour, les collections pré- et protohistoriques.
→ *Tarif 12€ ou pass 19€*

Alte Nationalgalerie
Tous les courants de l'art du XIXe s., incarnés par les grands noms allemands et européens.
→ *Tarif 10€ ou pass 19€*

Pergamonmuseum
On y admire, entre autres, le colossal autel de Pergame restauré, chef-d'œuvre absolu de la Grèce antique (v. 170 av. J.-C.) et la port d'Ishtar (Babylone, VIe s. avant J.-C.). De l'autre cô du canal, un bâtiment abrite un panorama à 36 signé par l'artiste Yadega Asisi, qui ressuscite Pergame en l'an 129 !
→ *Tarif 12€ et Panorama 12 ou pass 19€*

Bode Museum
Un édifice néobaroque (1904) surmonté d'un dôme pour de riches collections : art byzantin sculpture européenne, monnaies.
→ *Tarif 10€ ou pass 19€*

Berliner Dom

Humboldt forum

Neues Museum

En plein cœur de Mitte, le Berlin historique, les augustes façades “sous les tilleuls” (Unter den Linden) retracent, de l’île aux Musées (Museumsinsel) à la Pariser Platz, plus de 300 ans de monumentalité allemande et 6 000 ans d’art et d’histoire. Le château des Hohenzollern, disparu au gré des vissicitudes de l’histoire, a même été rebâti en 2019 ! Non loin de l’élégant Gendarmenmarkt baroque, les édifices en verre et béton de l’après-réunification foisonnent sur Friedrichstrasse. Tout au bout posent les gardes factices de Checkpoint Charlie, qui rappelle que nous trouvons ici dans l’ancien Berlin-Est...

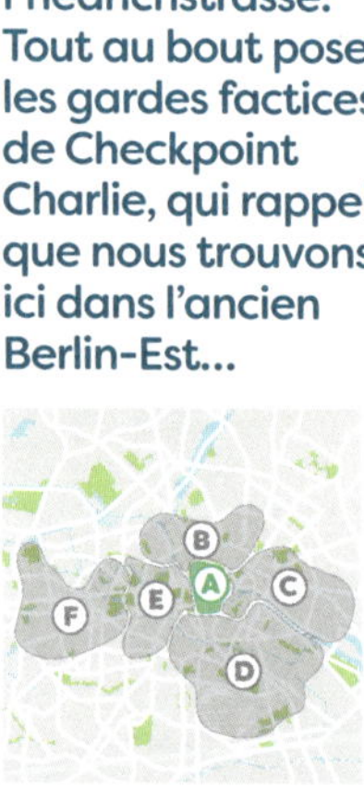

Ständige Vertretung/StäV

Lutter & Wegner Gendarmenma

IMBISS, RESTAURANTS

Kantine D1 ①
Dans la grande salle sobre et minimaliste, acteurs et membres du théâtre Gorki se retrouvent autour de très bons plats. Terrasse et jardin. Plat 4-10€.
→ *Maxim Gorki Theater Dorotheenstrasse 9*
Tél. 030 20 22 11 15
Tlj. 12h-oh (déj. 12h-16h)

Ishin C2 ②
La meilleure adresse pour manger japonais dans ce quartier de bureaux. Souvent bondé ! Menu 8-24€.
→ *Mittelstrasse 24*
Tél. 030 20 67 48 29
Lun.-sam. 12h-20h30

Ständige Vertretung / StäV C1 ③
Les affiches de politiciens rappellent l’engagement citoyen de ce *Kneipe* au bord de la Spree. Assis à de grandes tables, on se délecte de cuisine rhénane avec une Kölsch (bière de Cologne). Plat 9,50-19€.
→ *Schiffbauerdamm 8*
Tél. 030 282 39 65 Tlj. 9h-1h (déj. lun.-ven. 11h-15h)

Kartoffelkeller C1 ④
La pomme de terre dans tous ses états, frite, au fromage fondu, bouillie, en crêpe, en galette (rösti)... Toutes sortes de versions et de sauces. Plat 10-18€.
→ *Albrechtstrasse 14B*
Tél. 030 2828 548
Mar.-sam. 16h-23h

Maximilians C3 ⑤
En costume bleu et blanc, les serveurs s’activent autour de la cuve de cette brasserie bavaroise, chargés de chopes et de Kartoffelsalat. Plat 10-28€.
→ *Friedrichstrasse 185-190*
Tél. 030 20 45 05 59
Tlj. 11h30-23h30

Lutter & Wegner Gendarmenmarkt C3 ⑥
Vraie gastronomie allemande dans cette brasserie aux piliers ornés de peintures expressionnistes, avec vue sur le Gendarmenmarkt. Cave à vins, avec crus à emporter. Plat 16,50-25€.
→ *Charlottenstrasse 56*
Tél. 030 20 29 54 15
Tlj. 12h-oh

CAFÉS, BAR À VIN

Petit Bijou D1 ⑦
Clin d’œil au parc Monbijou attenant, ce café voisine royalement la Spree. Terrasse ensoleillée au bord

Berliner Ensemble

Kunstmarkt

Ampelmann Shop

de l'eau, intérieur à la fois douillet et tendance, et de bonnes salades à la carte.
→ *Montbijoustrasse 1*
Tél. 030 30 88 20 73
Tlj. 10h-18h

Rausch Schokoladenhaus D3 (8)
Au "Schokoladen-Café", le royaume centenaire du cacao : chocolats chauds, gâteaux et même des plats salés... au chocolat, à midi.
→ *Charlottenstrasse 60*
Tél. 030 757 880 Tlj. 12h-19h

Freundschaft C2 (9)
Tenu par deux passionnés, un bar à vin plébiscité pour son large choix (plus de 500 références) et ses savoureuses tapas créatives. Autour du comptoir en bois, la soirée passe vite...
→ *Mittelstraße 1*
Tél. 030 80 49 24 44
Mar.-sam. 17h-2h

CULTURE, SPECTACLES

PalaisPopulaire D2 (10)
En 2018, la Deutsche Bank a ouvert ce centre interconnecté pour l'art contemporain, la culture et le sport : expositions, concerts, ateliers, expériences numériques, dans un ancien palais du XVIIIe s. revisité par le bureau d'architecture Kuehn Malvezzi, où triomphent clarté et lignes pures. Vérifiez la programmation !
→ *Unter den Linden 5*
Tél. 030 20 20 930
Mer.-lun. 11h-18h (21h jeu.)
www.db-palaispopulaire.com

Staatsoper D2 (11)
Un temple classique dédié à la musique, voulu par Frédéric II et achevé en 1743. Dans la salle rococo tout juste rénovée, opéras, concerts et ballets dirigés par Daniel Barenboim.
→ *Unter den Linden 7*
Tél. 030 20 35 45 55
***Réservation** Tlj. 12h -1h avant le lever de rideau*
www.staatsoper-berlin.de

Pierre Boulez Saal D2 (12)
Un bijou de salle de concert en bois, modulable, conçue par Frank Gehry en hommage à Pierre Boulez. Musique classique et contemporaine.
→ *Französische Strasse 33d*
Tél. 30 47 99 74 11
boulezsaal.de

Konzerthaus D3 (13)
Sous les lustres de la salle bâtie par Schinkel, une acoustique superbe pour le prestigieux Konzerthausorchester Berlin.
→ *Gendarmenmarkt 2*
Tél. 030 203 09 21 01
***Billetterie hotline** Lun.-sam. 10h-19h, dim. 12h-18h*
www.konzerthaus.de

Berliner Ensemble C1 (14)
Le théâtre de Bertolt Brecht, puis de Heiner Müller, dirigé par Oliver Reese. Représentations des œuvres des maîtres et de contemporains, parfois surtitrées en anglais.
→ *Bertolt-Brecht-Platz 1*
Tél. 030 28 40 81 55
***Billetterie** Lun.-sam. 10h-18h30 et 1h avant le lever de rideau*
www.berliner-ensemble.de

SHOPPING

Bürgelhaus C3 (15)
C'est à Bürgel, en Thuringe, que sont façonnées ces céramiques et figurines. Pantins de bois, mobiles agiles, vaisselle bleue...
→ *Friedrichstrasse 194-199*
Tél. 030 20 45 09 77
Lun.-sam. 10h-19h (20h en été et avant Noël)

Kunstmarkt E2 (16)
Entre le Zeughaus et le Museumsinsel, le long de la Spree, tableaux et créations s'exposent en plein air. Le dimanche, le Nostalgiemarkt, situé am Kupfergraben (**A** D1), fait la joie des amateurs de brocante en tout genre.
→ *Am Zeughaus 1-2*
Tél. 0173 366 23 12
W.-e. 11h-17h

Ampelmann Shop D3 (17)
Devenus cultes, les fameux *Ampelmännchen*, les bonshommes vert et rouge des feux piétons Est-allemands, ont dorénavant leur boutique, où ils sont déclinés en souvenirs, toujours dans l'air du temps : tee-shirts, sacs, affiches, vaisselle...
→ *Markgrafenstrasse 37*
Tél. 030 40 03 90 95
Lun.-sam. 10h-19h, dim. 12h-18h

Quartier 206 / Quartier 207 C3 (18)
Galeries, labyrinthe d'escaliers et piano-bar dans le hall du Quartier 206, *mall* conçu par I. M. Pei. En sous-sol, des passages mènent au Quartier 207 (Jean Nouvel), où les Galeries Lafayette s'ordonnent autour de cônes translucides.
→ *Friedrichstrasse 71-78*
Lun.-sam. 10h30-18h30 (Galeries Lafayette : 11h-19h)

Pergamonmuseum

Historisches Museum

Bebelplatz

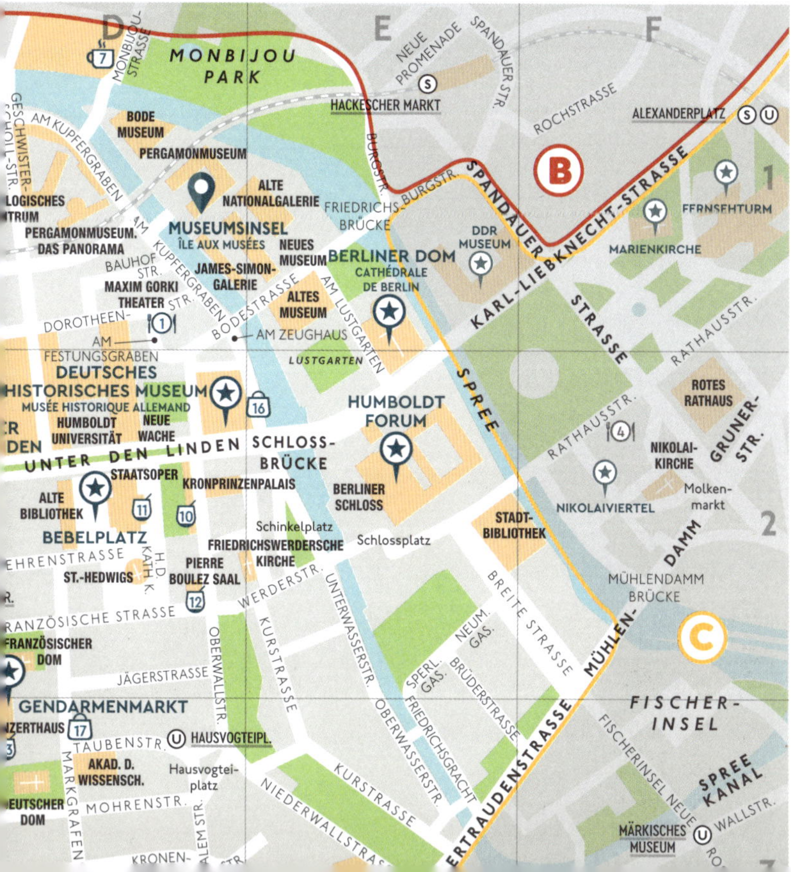

Gendarmenmarkt

Checkpoint Charlie

Deutsches
storisches
useum D2
Zeughaus (arsenal), ef-d'œuvre baroque 1706, et son aile signée i (2004) abritent captivant musée de istoire allemande.
Unter den Linden 2
. 030 20 30 40 Tlj. 10h-18h ɔh jeu.) Tarif 8€

Bebelplatz D2
r cette place ɔnumentale, voulue r Frédéric II, se dressent Staatsoper (1743), cathédrale Sainte-wige et son étonnant ɔme de cuivre (1773), ncienne Bibliothèque royale (1780) et l'Université Humboldt (1766).
Sous une dalle de verre, la Bibliothèque engloutie (1994) de Micha Ullmann, aux rayons vides, rappelle le grand autodafé nazi du 10 mai 1933, écho au vers de Heine : “Là où l'on brûle les livres, on finit par brûler les hommes.”

★ **Unter den Linden** C2
Reliant l'île aux Musées à la porte de Brandebourg, les Champs-Élysées de la ville bordés de kiosques, boutiques, cafés et majestueuses architectures. À l'est, la statue équestre de Frédéric le Grand (1851).

★ **Tränenpalast** C1
Le palais des Larmes... La déchirure des adieux avait lieu dans ce poste-frontière entre RDA et RFA. Dans le musée : poste de contrôle, vidéos, photos, interviews, etc. racontent la vie quotidienne à l'époque des deux Allemagnes.
→ *Reichstagufer 17*
Tél. 030 46 77 77 911
Mar.-ven. 9h-19h, w.-e. 10h-18h Entrée libre

★ **Gendarmenmarkt** D3
Place classique, elle séduit par sa symétrie. De part et d'autre de l'imposant Konzerthaus (1821) de Schinkel, deux dômes signalent les églises bâties pour les calvinistes français (Französischer Dom, 1705) et les luthériens allemands (Deutscher Dom, 1708).
→ *Französische Strasse*

★ **Checkpoint Charlie** C4
Sur le point de passage entre les secteurs américain et soviétique, une reconstitution du poste-frontière installé par les Alliés en 1945 et démonté en 1990. Côté Alliés, un musée sur l'histoire du Mur ; côté russe, des panneaux relatant les faits.
→ ***Haus am Checkpoint Charlie** Friedrichstrasse 43-45*

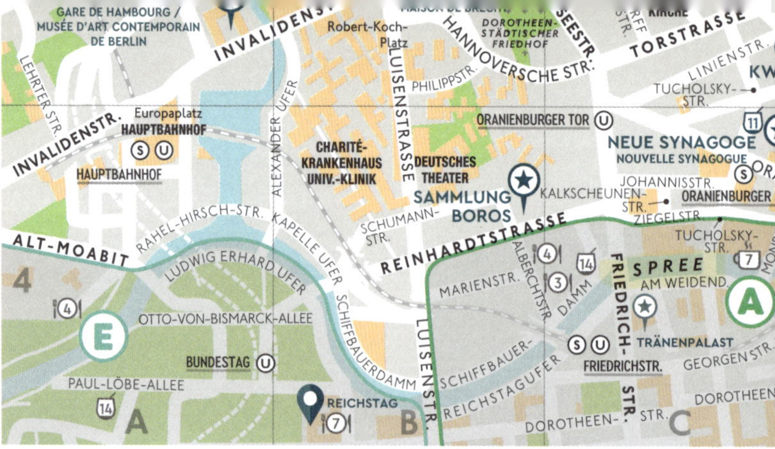

Brecht-Weigel Gedenkstätte

Museum für Naturkunde

Hamburge

★ Hackesche Höfe D4
Les façades (1906) de K. Berndt et A. Endell, proches de la Sécession, font de ce labyrinthe de huit cours un chef-d'œuvre du Jugendstil : briques vernissées, couleurs vives, jeux de courbes et de figures géométriques. Elles accueillent cafés, théâtre, cinéma, boutiques, galeries et logements.
→ Rosenthaler Strasse 41 / Sophienstrasse 6 Tlj. 6h-22h

★ Sophienstrasse D4
Une petite rue typique des XVIIIe et XIXe s. : derrière les façades ornées de stuc, une succession de cours en brique. Au n° 18, l'élégant portique néo-Renaissance de la Maison des artisans, haut lieu de l'histoire communiste. Non loin, la Sophienkirche (1734) au clocher baroque et, à l'angle de la Gr. Hamburger Str., l'installation de Christian Boltanski dite *Das leere Haus* (la maison vide), à la place d'un immeuble disparu et en mémoire de ses habitants juifs tués par les nazis…

★ Neue Synagoge C4
Ce dôme byzantin qui brille au soleil est celui de la Grande Synagogue (1866), incendiée pendant la terrible nuit de Cristal (1938), puis bombardée (1943). Derrière les arcatures mauresques de la façade restaurée, expositions sur l'histoire des lieux et la diversité de la communauté juive de Berlin.
→ Oranienburger Strasse 28-30 Tél. 030 880 283 00 Jan.-mars, oct.-déc. : dim.-ven. 10h-18h (15h ven.) ; avr.-sep. : dim.-ven. 10h-18h (19h dim.)
***Dôme** Avr.-sep. Tarif 7€*

★ KW C3
Expositions, ateliers, résidences d'artistes… Le KW (Kunst-Werke) Institute for Contemporary Art promeut la création, et orchestre chaque été (*juin-sep.*) la Biennale d'art contemporain de Berlin.
→ Auguststrasse 69 Tél. 030 243 45 90 Mer.-lun. 11h-19h (21h jeu.) Tarif 8 €

★ Sammlung Boros
Entre les murs bruts d'un ancien bunker, cinq étage d'œuvres contemporaine puisées dans la collection Christian Boros : Ai Weiwe Olafur Eliasson, Danh Vo.
→ Reinhardtstrasse 20 Tél. 030 27 59 40 65 Ven.-dim. 10h30-18h Visites guidées uniquement (anglais, all.), sur rés. www.sammlung-boros.de Tarif 18€

★ Brecht-Weigel Gedenkstätte B3
La maison où Bertolt Brec (1898-1956) et sa femme, Helen Weigel (1900-1971) vécurent leurs dernières années. Des fenêtres, vue

Hackesche Höfe

Sophienstras

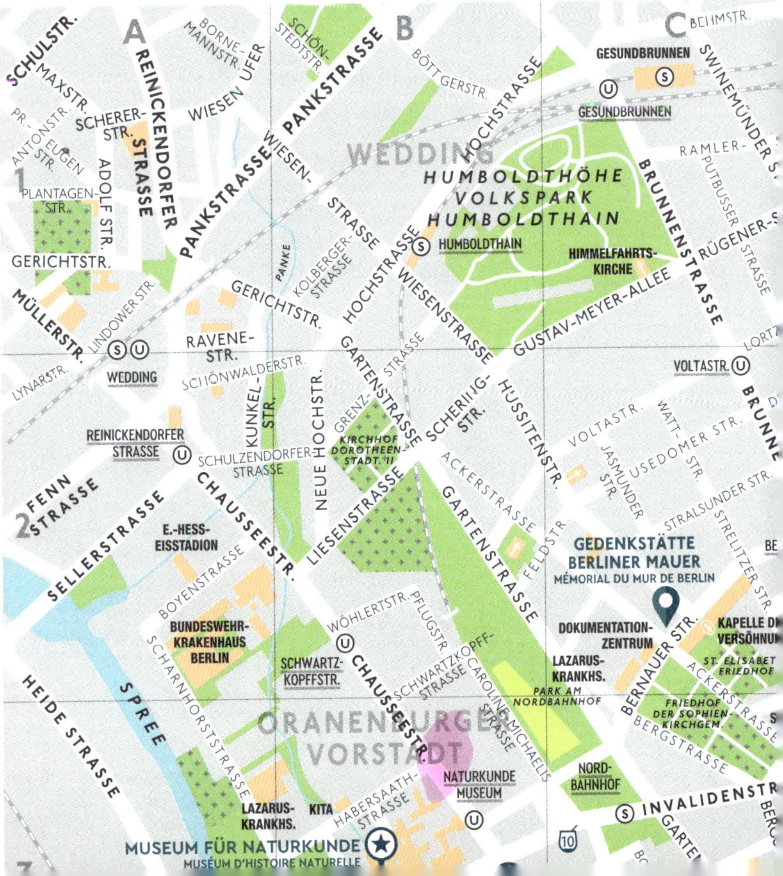

B

Scheunenviertel / Prenzlauer Berg

Au nord de Mitte, le Scheunenviertel (quartier des Granges), avec ses bars, ses boutiques, ses marchés et ses murs recouverts de street art, est devenu le centre de la bohème chic. Difficile de croire que, derrière les façades aux stucs restaurés, notamment Sophienstrasse, des Mietskasernen des plus sordides abritaient, avant guerre, le “bas peuple”. Même phénomène plus au nord, à Prenzlauer Berg : artistes d’ici ou d’ailleurs et jeunes familles ont colonisé les rues et les immeubles rénovés de cet ancien bastion alternatif ; bars et complexes culturels y accueillent une jeunesse en quête de soirées tendance.

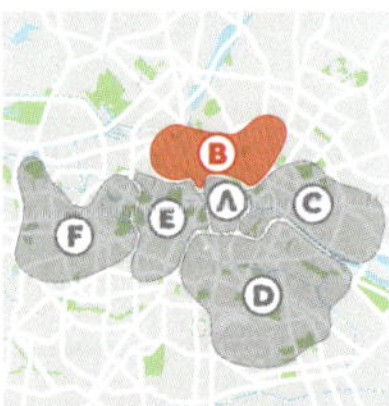

Konnopke's Imbiss

Hackescher Hof Restau

IMBISS, RESTAURANTS

Konnopke’s Imbiss E2 ①
Sous le métro aérien, le plus ancien *Currywurst* de la ville, tenu par la même famille depuis près de 90 ans ! Plat 2,50-5€.
→ *Schönhauser Allee 44b Tél. 030 442 77 65 Lun.-ven. 11h-18h, sam. 12h-19h*

Gaststätte Sophieneck D4 ②
Une taverne pleine de cachet : bougies, alcôves et tables de bois sombre, où l’on s’installe pour se régaler d’une *Kartoffelsuppe* (soupe de pommes de terre) et d’une *Berliner boulette* à la viande hachée. Plat 6-17€.
→ *Große Hamburger Strasse 37 Tél. 030 28 34 065 Tlj. 12h-1h*

KWA - Kebab with Attitude D3 ③
Redécouvrez le *Döner kebab* chez KWA, qui réinterprète avec art cet incontournable de la cuisine de rue d’origine turque.
On pénètre dans la salle en traversant les cuisines, qui reproduisent la station U-Bahn d’Alexanderplatz ! Plat 8-17€.
→ *Gipsstrasse 2 Tél. 030 35 52 99 66 Tlj. 12h-22h (23h ven.-sam.)*

Chén Chè Teehaus D3 ④
On se croirait dans l’Indochine des années 1930 dans cette maison de thé au charme fou, éclairée de lanternes. Cuisine à l’avenant, à déguster dans le jardin de bambous en été. Plat 9-20€.
→ *Rosenthalerstrasse 13 Tél. 030 28 88 42 82 Tlj. 12h-22h*

Hackescher Hof Restaurant & Café D4 ⑤
Ambiance café viennois dans ce restaurant chaleureux, dont la terrasse se déploie dans les cours de Hackescher en été. Dès 12h, pot-au-feu, saumon grillé, gâteaux maison... Plat 14-29€.
→ *Rosenthaler Str. 40/41 Tél. 030 283 52 93 Tlj. 9h-22h*

Mrs Robinson’s E1 ⑥
On peut faire confiance au chef Ben Zviel pour bousculer les papilles de ses convives : produits atypiques, influences asiatiques et créativité débordante se conjuguent dans des assiettes d’une infinie délicatesse. Réserver ! Menu 99-120€ selon la soirée.
→ *Pappelallee 29 Tél. 030 54 62 28 39 Mar.-dim. 18h-22h*

Prater

Volksbühne

Frau Tulpe

BIERGARTEN

Prater E2 7
Agréable Biergarten sous les châtaigniers d'une cour, mais aussi une annexe de la Volksbühne, et une Gaststätte rustique où l'on sert de bons plats.
→ *Kastanienallee 7-9*
Tél. 030 448 56 88 ***Biergarten*** *Avr.-sep. : tlj. 12h-23h* ***Restaurant*** *Lun.-sam. 18h-23h*

CAFÉS, BARS, CLUBS

Tadshikische Teestube C4 8
Voyage au Tadjikistan pour qui pousse la porte de cette maison : bois sculpté, samovars argentés... On se déchausse, on se cale sur les coussins et on choisit un thé avec des zakouskis. Réserver, surtout en hiver.
→ *Oranienburger Strasse 27 (au fond de la cour)*
Tél. 030 204 11 12
Lun.-ven. 16h-22h (21h lun.), w.-e. 12h-22h (21h dim.)

Schwarze Pumpe D3 9
Ce *Kneipe* doit son nom à la pompe qui trône dans la salle. Les étudiants du quartier aiment y partager un brunch à l'allemande : *Brötchen* (petits pains), *müsli*, fromage... Pour lire ou jouer aux cartes.
→ *Choriner Strasse 76*
Tél. 030 449 69 39 Tlj. 11h-1h

Kunstfabrik Schlot C3 10
Au sous-sol d'une ancienne usine, une "fabrique d'art" très jazzy s'offre aux musiciens en vogue. Improvisations théâtrales et lectures.
→ *Invalidenstrasse 117*
Tél. 030 448 21 60 Ouvre 1h avant le concert (souvent à 21h lun.-sam., 13h dim.)
www.kunstfabrik-schlot.de

Zosch C4 11
Un café-restaurant dans une ancienne boulangerie est-allemande : petits plats dans la boutique et salle de concert de jazz dans le fournil (mer.-jeu.).
→ *Tucholskystrasse 30*
Tél. 030 280 76 64
Tlj. 16h-2h Concerts 20h

Clärchens Ballhaus D3 12
Depuis 1913, une salle de bal mythique où l'on vient danser ou apprendre le tango, la salsa ou le swing ! Soirée DJ le vendredi soir (22h-3h).
→ *Auguststrasse 24*
Tél. 030 555 785 440 Mar.-ven. 17h-23h, w.-e. 14h-0h

Nemo E2 13
Conversations croisées, rires qui fusent : parmi les meilleures adresses où tâter l'ambiance nocturne de Prenzlauer Berg, Nemo est un joyeux bar... zar, que les peintures *comic strip* et les tables de toutes formes n'arrangent pas. Tant mieux !
→ *Oderberger Strasse 46*
Tél. 030 448 19 59
Tlj. 18h-dernier client

THÉÂTRE, CULTURE

Volksbühne E3 14
Théâtre officiel de l'ex-RDA, la "Scène du peuple" reste très engagée. Danse, pièces, lectures, films... et les *Grüner Salon* et *Roter Salon* (danses de salon, concerts électro, ska...) qui se transforment en clubs.
→ *Rosa-Luxemburg-Platz*
Tél. 030 24 065 777 ***Billetterie*** *Lun.-sam. 11h-18h ; et à partir de 1h avant le spectacle*
www.volksbuehne-berlin.de

Acud D3 15
Dans ce centre culturel sauvé par les habitants du quartier dans les années 1990, créateurs alternatifs berlinois, théâtre, cinéma, galerie, concerts, club.
→ *Veteranenstrasse 21*
www.acud.de

Kulturbrauerei E2 16
Entre les briques d'une ancienne brasserie (1892) : bars, restaurants, théâtres, cinéma, un petit musée de la vie quotidienne en RDA et trois clubs.
→ *Schönhauser Allee 36 / Knaackstrasse 97*
Tél. 030 44 35 21 70
www.kulturbrauerei.de

SHOPPING

Onkel Philipps Spielzeugwerkstatt E2 17
"Reposez en paix, jouets de la RDA, 1949-1989", peut-on lire à l'entrée de l'atelier de l'Oncle Philipp, un bric-à-brac de jeux, anciens ou récents. Aussi un petit musée ostalgique.
→ *Choriner Strasse 35*
Tél. 030 449 04 91
Mar.-mer., ven. 9h-18h30 ; jeu., sam. 11h-16h (20h jeu.)
Entrée musée 1€

Weinerei D3 18
1 001 vins contés par un sommelier d'expérience !
→ *Veteranenstrasse 17*
Tél. 030 440 69 83
Lun.-sam. 13h (11h sam.)-20h

Frau Tulpe D3 19
Tables de découpe, rubans et tissus, dans la mercerie-atelier de Madame Tulipe !
→ *Veteranenstrasse 19*
Tél. 030 44 32 78 65
Mar.-sam. 11h-18h

Konk D3 20
Sélection de créateurs berlinois dans un écrin minimaliste.
→ *Kleine Hamburger Straße 15*
Tél. 030 28 09 78 39
Lun.-sam. 12h-19h

Neue Synagoge

Sammlung Boros

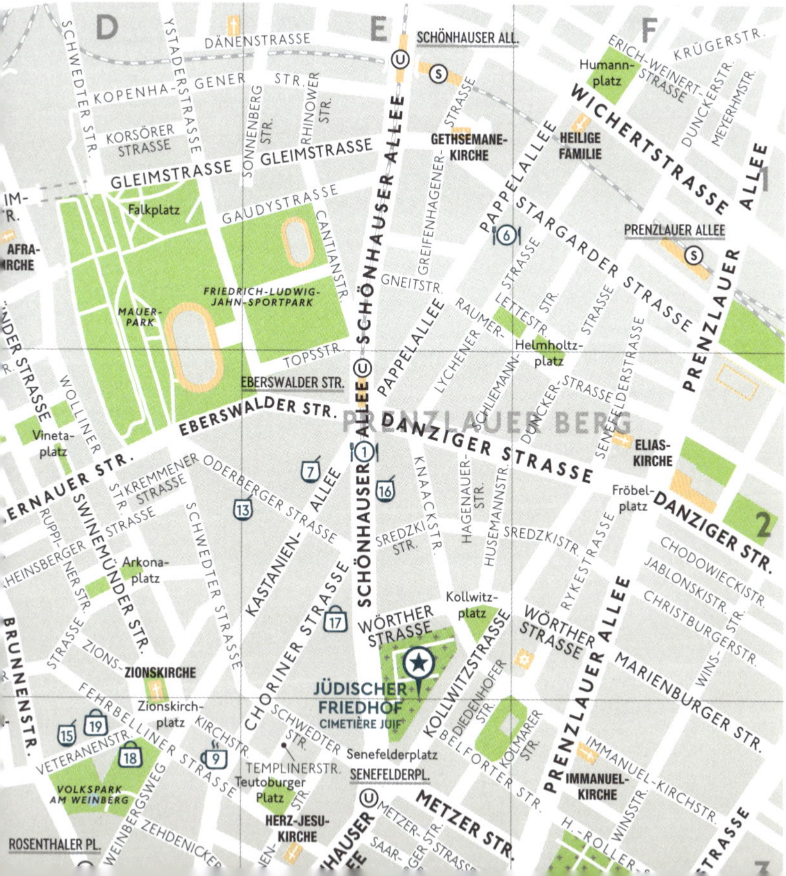

Museum für Gegenwart – Berlin

Gedenkstätte Berliner Mauer

Jüdischer Friedhof

le cimetière Dorotheen-
dtischer, où ils reposent.
oir, 1h avant le coucher
soleil, l'installation
nineuse de James Turrell
ns la chapelle du n° 126
Chausseestrasse 125
030 200 57 18 44
***ite guidée** Mar. 10h-11h30,*
-15h30 ; mer., ven.
-11h30 ; jeu. 10h-11h30,
-18h30 ; sam. 10h-15h30
ıtes les 30 min) ; dim. 11h-
(toutes les heures) Tarif 5€

Museum für
turkunde B3
Muséum d'histoire
urelle (1889) et ses
uelettes de dinosaures :
brachiosaure, haut
13,27 m, est le plus
grand du monde ! Muséographie ludique.
→ *Invalidenstrasse 43*
Tél. 030 88 91 40 85 50 Mar.-dim. 9h30 (10h w.-e.)-18h Tarif 8€

★ Hamburger Bahnhof / Museum für Gegenwart - Berlin A3
Un musée d'art contemporain dans la plus ancienne gare de la ville (1847). Rénovée par Kleihues en 1996, l'architecture métallique de la grande halle et des corps latéraux offre à Beuys et à Warhol un cadre à leur mesure.
→ *Invalidenstrasse 50-51*
Tél. 030 266 42 42 42
Mar.-ven. 10h-18h (20h jeu.), w.-e. 11h-18h Tarif 10€

Gedenkstätte Berliner Mauer C2
Un poignant musée en plein air sur l'ancienne zone de sûreté du Mur : bornes audiovisuelles, affleurements de béton percés de métal rouillé, portraits de ceux qui périrent en tentant de fuir. La chapelle de la Réconciliation, au bel ovale en terre et bois, a remplacé le temple dynamité en 1985. De la plateforme du centre de documentation, on observe, entre deux immenses plaques de métal, une portion vierge du Mur. Tout près, dans la station Nordbahnhof (**B** C3), l'étonnante histoire des lignes de métro traversant l'Est pour aller à l'Ouest, empruntées par une poignée de fugitifs.
→ *Bernauer Strasse 111*
*Tél. 030 213 08 51 66 **Mémorial** Mar.-dim. 10h-18h **Sites extérieurs** Tlj. 8h-22h Entrée libre*

★ Jüdischer Friedhof E2
Sous une voûte d'arbres, le cimetière juif et ses tombes recouvertes de lierre et de feuilles mortes. Le temps efface les noms de Giacomo Meyerbeer ou de Max Liebermann, mais pas les cicatrices laissées par les nazis.
→ *Schönhauser Allee 25*
Lun.-jeu. 8h-16h, ven. 7h30-13h

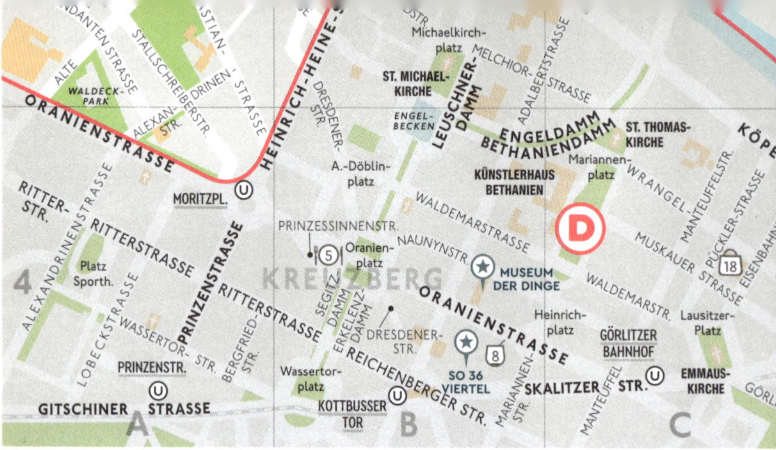

Fernsehturm

Alexanderplatz

Karl-Marx-Allee / Café Sib

★ Märkisches Museum B3
Des traces la préhistoire aux objets de la vie courante au XIXe s., toute l'histoire de Berlin dans un édifice aux allures de monastère gothique (1908). À voir : les photos stéréoscopiques du Kaiserpanorama, de la fin du XIXe s., et les sculptures de la Marienkirche.
→ *Am Köllnischen Park 5 Tél. 030 24 00 21 62 Mar.-dim. 12h (10h w.-e.)-18h Tarif 7€*

★ Nikolaiviertel A2
Pour le 750e anniversaire de Berlin, en 1987, le minuscule quartier Saint-Nicolas, lacis de ruelles et de maisons médiévales, a été reconstruit (souvent en béton) autour de la Nikolaikirche. Celle-ci, plus ancien monument de la ville (1230-1878), abrite dans sa nef gothique une annexe du Märkisches Museum. Non loin, les balcons rococo du palais Ephraim (banquier de Frédéric II) sont aussi une reconstitution.

★ DDR Museum A2
Une plongée ludique dans la vie quotidienne de l'ex-RDA : pour s'installer au volant d'une Trabant, utiliser le matériel d'espionnage de la Stasi ou regarder la télé de l'époque dans le salon !
→ *Karl-Liebknecht-Strasse 1 Tél. 030 847 12 37 31 Tlj. 9h-21h Tarif 9,80€*

★ Marienkirche A2
Imposant sanctuaire, l'église Sainte-Marie inaugura le gothique en brique de style brandebourgeois (1270, clocheton de 1418). À l'intérieur, admirez les fonts baptismaux gothiques, la chaire baroque de Schlüter, l'orgue (1723) de J. Wagner et J. G. Glume (récital jeu.-ven. 13h30) et la *Danse macabre* (1485) à gauche de l'entrée.
→ *Karl-Liebknecht-Strasse 8 Tél. 030 24 75 95 10 Jan.-mars : tlj. 10h-16h ; avr.-déc. : tlj. 10h-18h Entrée libre*

★ Fernsehturm A2
Visible de tout Berlin, la tour de la Télévision, bâtie en 1969, défiait alors la RFA du haut de ses 368 m. Restaurant tournant et panoramique à l'intérieur de la sphère d'acier (203
→ *Alexanderplatz Avr.-oct. tlj. 9h-23h30 ; nov.-mars : tlj. 10h-22h (pour éviter la f d'attente, réserver sur les s web) Tarif 21,50€*

⚲ Alexanderplatz B2
Malgré le gigantisme de s proportions, l'"Alex" reste le cœur vivant de Berlin ! Détruit par les bombes, le pendant populaire de la Potsdamer Platz (**E** D4) a fait place, dans les ann 1960, à une immense esplanade cernée de bar de béton, typique du styl

Märkisches Museum

Nikolaiviert

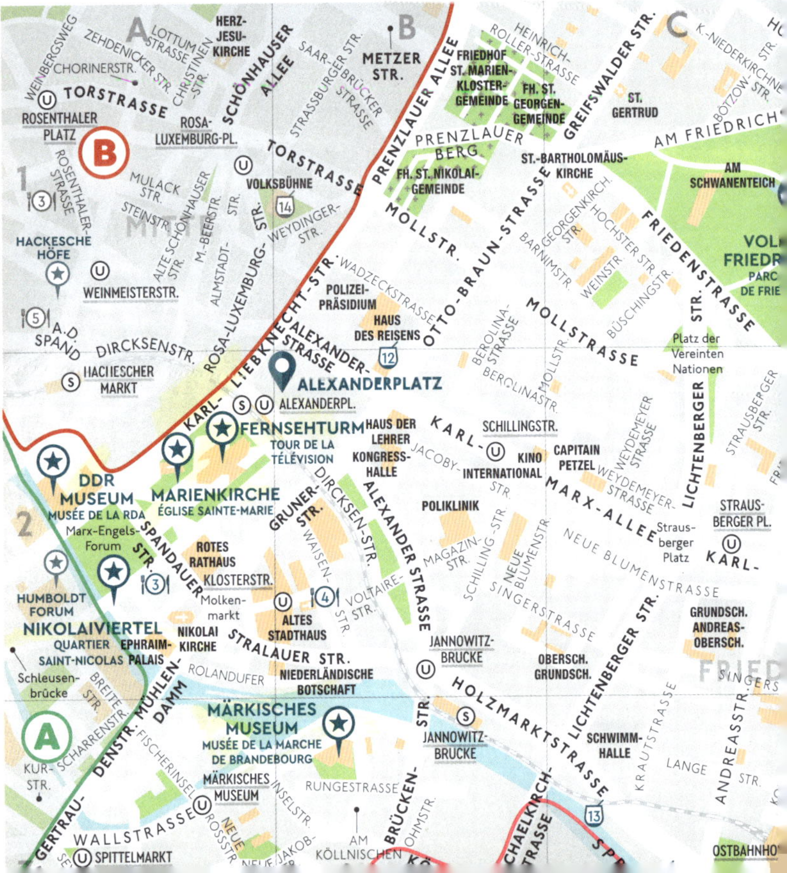

C

Alexanderplatz / Nikolaiviertel / Friedrichshain

Étendard de l'ex-RDA, la tour de la Télévision domine de ses 368 m un kaléidoscope architectural, reflet des orientations successives du régime : les grandes perspectives de la Karl-Marx-Allee stalinienne et des immeubles modernistes de l'Alexanderplatz y jouxtent l'imposant Rathaus de brique rouge et les échoppes du quartier Saint-Nicolas. À l'est, les façades bigarrées des squats de Friedrichshain ont vu éclore alentour bars et clubs plus ou moins alternatifs. Les environs de la Boxhagener Platz, l'un des bastions de la Szene berlinoise, attirent la bohème chic, avec ses petites boutiques et ses cafés sympathiques.

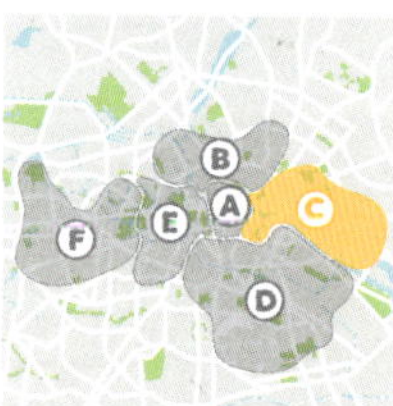

Zur Letzten Instanz

Umspannwerk

RESTAURANTS

BurgerAMT F3 (1)
Des burgers ? Oui, mais avec des clins d'œil au monde entier : halloumi, guacamole, sauce cacahuète, etc. Décor de graffitis et soirées hip-hop et rap ! Burger 7-12€.
→ *Krossenerstrasse 21-22*
Tél. 030 75 54 00 01 Tlj. 12h-0h

Restaurant Schönbrunn C1 (2)
Au cœur du parc de Friedrichshain, un restaurant, un Biergarten et un kiosque qui attirent toutes les générations ! Escalope viennoise, chou farci et viandes grillées dehors l'été. Plat 8,50-24€.
→ *Am Schwanenteich*
Tél. 030 453 05 65 25
Mer.-dim. 12h-21h
(22h ven.-sam. ; 20h dim.)

Mutter Hoppe A2 (3)
Poêlée huguenote, filet de perche de la Havel rôti et légumes de saison : la cuisine est généreuse dans cette vraie Gaststätte berlinoise. Plat 10-20€.
→ *Rathausstrasse 21*
Tél. 030 24 72 06 03
Tlj. 11h30-0h

Zur Letzten Instanz B2 (4)
Dans la plus vieille *Kneipe* de Berlin (1621), on peut encore voir l'étonnante banquette chauffante sur laquelle Napoléon déjeuna. Cuisine traditionnelle : assiette bouchère (avec choucroute et pommes de terre) ou *Buletten*. Plat 11-26€.
→ *Waisenstrasse 14-16*
Tél. 030 242 55 28
Mar.-dim. 12h-1h

Friedrichs F3 (5)
Une table pour goûter les saveurs allemandes et autrichiennes avec bières et vins ad hoc. En été, belle terrasse. Plat 12-23€.
→ *Niederbarnimstrasse 16*
Tél. 49 173 576 92 83
Jeu.-dim. 17h-23h

Umspannwerk Ost D2 (6)
Sous les poutres en acier d'une ancienne centrale électrique, plats copieux d'ici ou de Méditerranée, terrasse en été, et scène de cabaret ! Plat 13-23€.
→ *Palisadenstrasse 48*
Tél. 030 42 80 42 42 (rés.)
Tlj. 11h30-22h

CAFÉS, BARS

Die Turnhalle F3 (7)
Dans un ancien gymnase scolaire, un café-restaurant ouvrant sur un beau jardin à fontaines. Petit déjeuner et goûter, brunch le w.-e.

House of Weekend

Kater Blau

Victoria met Albert

→ *Holteistrasse 6-9*
Tél. 030 29 36 48 16
Mai-sep. : tlj. 15h-22h ; nov.-avr. : w.-e. 10h-15h

Die Tagung F3 8
Avec l'Ostalgie, Berlin a vu refleurir drapeaux rouges et bustes de Lénine, parfois par nostalgie, souvent par dérision. À tester : la Roter Oktober, jadis bière de l'élite de l'Armée rouge.
→ *Wühlischstrasse 29*
Tél. 030 29 77 37 88
Tlj. 18h-dernier client

Paule's Metal Eck E3 9
Un repaire de *metalheads* larges d'esprit. On y sirote sa bière cerné de têtes de mort, dragons et autres créatures murales effrayantes...
→ *Krossener Strasse 15*
Tél. 030 291 16 24
Tlj. 17h-dernier client

CULTURE, CLUBS

RAW Tempel E3 10
Le RAW Tempel regroupe sur les 8 800 m² d'une friche ferroviaire marché aux puces le dim., concerts au Cassiopeia, skatepark couvert, Biergarten et ateliers d'artistes. Murs couverts de street art !
→ *Revaler Strasse 99*
Concerts et soirées
www.cassiopeia-berlin.de
raw-gelaende.de

Radialsystem V C3 11
Cette ancienne station de pompage dotée d'une extension en verre est devenue "un espace pour les arts et les idées", créé par la chorégraphe Sasha Waltz. Spectacles (danse, musique...) et "biocafé" à terrasse devant la Spree.
→ *Holzmarktstrasse 33*
Tél. 030 288 788 588
Billetterie Lun.-ven. 10h-19h et 1h avant le spectacle
www.radialsystem.de

House of Weekend B2 12
Un club sélect qui se distingue par sa terrasse en haut d'un immeuble... pour garder un œil sur l'"Alex" entre deux sets.
→ *Alexanderstrasse 7*
Tél. 01 52 24 29 31 40
www.houseofweekend.berlin

Kater Blau C3 13
Un feu de bois sur la terrasse, une piste de danse à l'intérieur, et des canapés çà et là, dans un chaos organisé pour faire la fête ! Théâtre, lectures, puis DJ set à partir de 0h.
→ *Holzmarktstrasse 25*
Jeu.-ven. à partir de 19h, w.-e. à partir de 0h (selon programmation)
www.katerblau.de

Berghain D3 14
Le must des soirées techno, dans une centrale électrique comme une cathédrale d'acier et de béton. Déco minimaliste, dance floor sous 18 m de plafond et le Panorama Bar. Attention à l'attente et... à la barrière des physionomistes !
→ *Am Wriezener Bahnhof*
Tél. 030 29 36 02 10
www.berghain.de

SHOPPING

Der Vorwende Laden E2 15
Chemises bleues des jeunesses communistes, fanions, coquetiers... L'ex-RDA joue les vedettes dans ce petit magasin d'antiquités, seul revendeur de la vaisselle du Palast der Republik (1976) détruit en 2008 !
→ *Thaerstrasse 16*
Tél. 030 41 72 64 50
Mar.-ven. 12h30-18h

Humana Secondhand & Vintage E2 16
De la vraie fripe (un incontournable à Berlin) ! Mode pour tous à prix ridicules, dans un espace géant et bien rangé, d'où l'on ressort avec un trésor.
→ *Frankfurter Tor 3*
Tél. 030 42 22 018
Lun.-sam. 10h-20h

Plattenläden
HHV store E3 17
Si ses vinyles se mêlent aujourd'hui au streetwear, la boutique reste fidèle à ses sources : la Black Music ! Hip hop, rap et aussi soul, house, jazz...
→ *Grünberger Strasse 54*
Tél. 030 29 36 73 77
Lun.-sam. 12h-20h

Heimat F3 18
Profusion de créations de jeunes designers locaux, dont toutes sortes d'articles sérigraphiés : foulards, T-shirts et même masques de sommeil !
→ *Niederbarnimstrasse 17*
Tél. 030 74 69 99 14
Lun.-sam. 12h-18h (17h sam.)

Victoria met Albert F3 19
Éléments de déco et vêtements tendance se côtoient dans cette boutique bohème.
→ *Krossener Strasse 9-10*
Tél. 030 29 77 43 66
Lun.-sam. 11h-19h

Prachtmädchen F3 20
Collants rayés, vestes fleuries, et, au n° 27, chaussures trendy. Ici, c'est toujours le printemps !
→ *Wühlischstrasse 28*
Tél. 030 97 00 27 80 Lun.-ven. 11h30-19h, sam. 10h30-18h

DDR Museum

Marienkirche

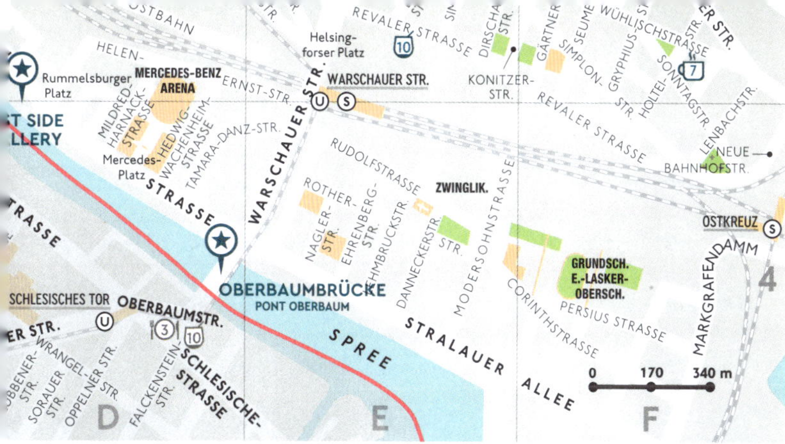

Volkspark Friedrichshain

East Side Gallery

nmuniste triomphant. centre, l'horloge verselle Urania (1969) rich John et la fontaine l'Amitié entre les peuples.

Karl-Marx-Allee D2
r l'ancienne Stalinallee, ossale avenue, s'élèvent Plattenbau, immeubles liniens où logeaient les embres du Parti, et les titutions où le "peuple" nait se cultiver : au n°33, Kino International (**C** B2), éma à la déco typique la RDA, accueille aussi club et des événements shion Week, Berlinale...) ; au n°45, la galerie d'art pitain Petzel (**C** C2), privée puis 2008, expose des pointures comme Sarah Morris ou Yaël Bartana (mar.-sam. 11h-18h).

★ Volkspark Friedrichshain C1
Derrière la fontaine des Contes de fées (1913) et ses statues sorties des Contes de Grimm s'ouvrent les prairies et les bois du parc du Peuple (1840). L'hiver, les deux collines, faites des débris d'un bunker bombardé et des déblais du quartier, servent de pistes de luge. Cinéma de plein air et barbecues en été.

★ East Side Gallery D4
En 1990, 118 artistes internationaux s'emparent de la gigantesque page blanche qu'est le Mur côté Est. Sur 1,3 km, les fresques saluent la liberté et la paix dans un festival de graphisme et d'originalité. Une toile de béton aux couleurs de l'espoir !
→ Mühlenstrasse 45-80

★ Oberbaumbrücke D4
Ce pont de brique rouge à deux étages (1896), où glisse le métro, relie Kreuzberg et Friedrichshain. Du tablier bas, on aperçoit sur la Spree la sculpture *Molecule Man* de Jonathan Borofsky : trois hommes (trois quartiers) se rencontrent. No man's land durant la Guerre froide, le pont fut ensuite, jusqu'en 2013, le théâtre de batailles de fruits pourris entre les habitants des deux rives !

★ Stasi-Museum hors plan F2
Retour en RDA à travers de saisissants bâtiments qui, abritèrent 8 000 employés de la Stasi. À découvrir, l'histoire et le maillage de la police politique, un bureau intact et des appareils d'espionnage. L'expérience peut continuer dans l'ex-prison de la Stasi, que font visiter d'anciens détenus.
→ Normannenstraße 20 Haus 1 U-5 Magdalenenstrasse Tél. 030 553 68 54 Tlj. 10h (11h w.-e.)-18h ***Visite guidée en anglais*** *Tlj. 15h Tarif 8€*

Chamissoplatz

Tempelhofer F

★ Topographie des Terrors A1
Sur le site où se dressait, jusqu'en 1945, le quartier général du IIIe Reich, les fondations de cellules souterraines y furent mises au jour. L'exposition dit toute l'horreur du nazisme.
→ *Niederkirchnerstrasse 8*
Tél. 030 25 45 09 50
Tlj. 10h-20h Entrée libre

Jüdisches Museum B1
L'architecture symbolique et "déconstructiviste" de Daniel Libeskind, pour un musée (1999) en forme d'étoile de David éclatée, consacré à l'histoire et à la culture judéo-allemandes. À vocation pédagogique, celui-ci relate le rôle de la communauté juive à travers les siècles, jusqu'à la Shoah.
→ *Lindenstrasse 9-14*
Tél. 030 25 99 33 00 Tlj. 10h-19h
Entrée libre (expos 8€)

★ Berlinische Galerie B1
Concentrée sur l'art berlinois, la Galerie présente dessins, sculptures, tableaux, photos, etc. Collection permanente (Zille, Grosz, Dix, El Lissitzky, Gabo, Vostell) et expositions.
→ *Alte Jakobstrasse 124-128*
Tél. 030 78 90 26 00
Mer.-lun. 10h-18h Tarif 10€

★ Deutsches Technikmuseum A2
Un *Rosinenbomber* (avion allié utilisé lors du pont aérien de 1949) s'est posé sur ce musée géant (1982). Appareils, maquettes, ordinateurs, etc. relatent l'épopée des techniques
→ *Trebbiner Strasse 9*
Tél. 030 90 25 40 Mar.-ven. 9h-17h30, w.-e. 10h-18h Tarif 8€

★ Park am Gleisdreieck A2
Depuis 2011, trois parcs ont été réunis autour des rails désaffectés et laissent place à des pistes cyclables, des aires de jeux, des rampes de skateboard et des coins de nature ! Sur 31,5 ha, ce parc "du Che de fer" se fait oasis pour la faune et la flore au cœ de la ville et abrite un jar communautaire ouvert à tous.

★ Viktoriapark A3
Ce parc néoromantique aménagé sur la plus hau colline de Berlin (1894) e couronné par le Monume national des guerres de Libération contre Napoléon : la flèche gothique bâtie par Schin (1821) s'orne d'une croix de fer (*Kreuz*) qui a donn son nom au quartier.

★ Chamissoplatz B3
Les *Mietskasernen* ("casernes locatives") du

Topographie des Terrors

Jüdisches Museum

Berlinische Galer

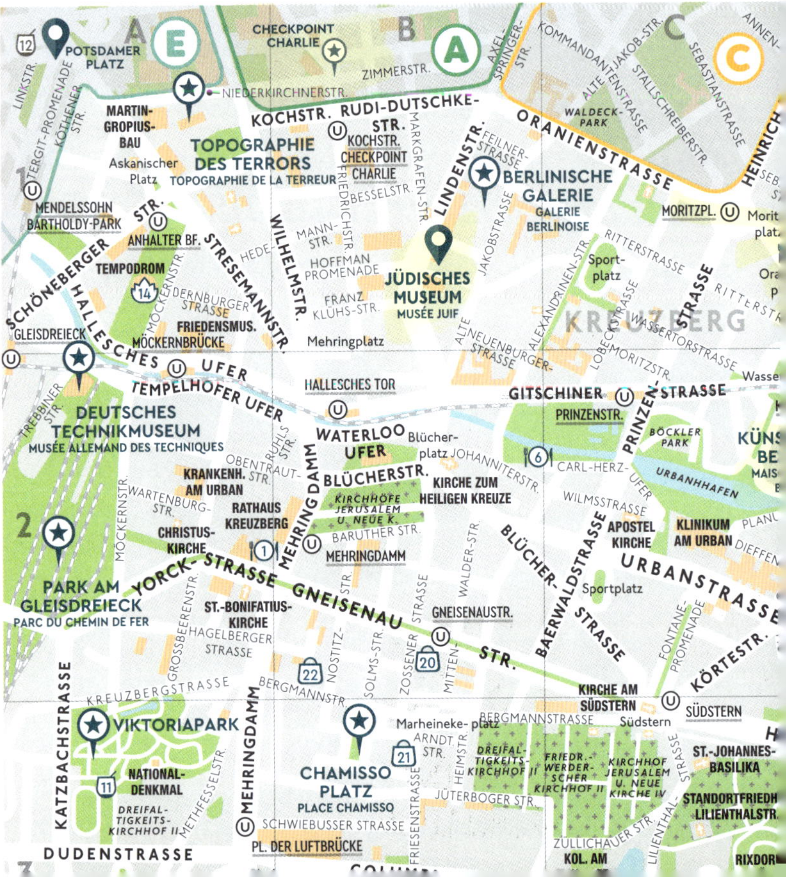

D

Kreuzberg / Neukölln

Avant la chute du Mur, oubliés du système, ouvriers turcs et rebelles réfugiés à Kreuzberg y inventaient des modes de vie alternatifs. De nos jours, si les abords bétonnés de Kottbusser Tor gardent des airs de petite Istanbul, l'ouest du quartier charme par ses rues pavées et ses façades néo-Renaissance, à l'orée du Viktoriapark. Au sud-est du Landwehrkanal s'étend Neukölln, nouvel eldorado branché : cafés végans, galeries d'art, bars, boutiques autour de la Schillerpromenade, sur la Weserstrasse et dans le "village" de Rixadorf, près de Richardstrasse, tandis que la jeunesse colonise la Sonnenallee, bordée d'épiceries orientales.

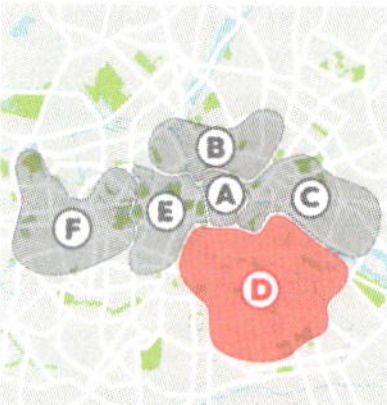

Curry 36

Burgerme

IMBISS, RESTAURANTS

Curry 36 A2 ①
Une saucisse grillée arrosée de ketchup et de curry dans un Brötchen aux petits oignons (Zwiebeln), un classique ! Currywurst 2-4€. Au n° 32, l'un des meilleurs kébabs de la ville, Mustafa's Gemüse Kebap.
→ *Mehringdamm 36*
Tél. 030 25 80 08 83 36
Tlj. 9h-5h

Akroum Snacks E3 ②
Le long de l'"allée du Soleil", un cadre simple pour savourer des mezzes parfumés. Plat 5-8€.
→ *Sonnenallee 45*
Tél. 030 23 61 93 19 Tlj. 8h-20h

Burgermeister F1 ③
Sous le U-Bahn aérien, les burgers au chili ou végans cuisent dans d'anciennes toilettes reconverties en cuisine ! On s'assied dehors, sur les caisses de bière. Burger 5-10€.
→ *Oberbaumstrasse 8*
Tél. 030 23 88 38 40
Tlj. 11h-1h (4h ven.-sam.)

Alt-Berliner Wirtshaus Henne D1 ④
Cuisine traditionnelle pour ce restaurant renommé, spécialisé depuis près de 100 ans dans le poulet fermier. Cadre rustique et terrasse en été. Plat 11-21€.
→ *Leuschnerdamm 25*
Tél. 030 614 77 30 Mar.-dim. 17h-23h (cuisine 21h)

Max und Moritz Wirtshaus C1 ⑤
Depuis 1902, cette brasserie rend hommage à Max et Moritz (1865), héros pionniers de la BD ! Ambiance feutrée et recettes locales : pieds de porc, goulasch... Plat 9-22€.
→ *Oranienstrasse 162*
Tél. 030 69 51 59 11
Mer.-dim. 18h-23h

Rutz Zollhaus B2 ⑥
Cadre bucolique pour cette excellente table située dans une auberge le long du canal, repaire des amateurs de viande, de charcuterie et de bons vins. Plat 18-26€.
→ *Carl-Herz-Ufer 30*
Tél. 030 233 276 670 Avr.-sep. : mer.-dim. 18h (16h dim.)-0h ; oct.-mars : mar.-sam. 18h-0h

CAFÉS, BARS, CLUBS

Prinzessinnengarten Jacobi E4 ⑦
Un café-restaurant où l'on s'assoit autour de grandes tables conviviales dans un jardin potager. On goûte les légumes et les herbes cultivées sur place, ou on fait son marché.

Alt-Berliner Wirtshaus Henne

Watergate

Space Hall

→ *Hermannstrasse 99-105*
Tél. 0176 20 81 53 90
Avr.-oct. : tlj. 10h-18h Horaires variables selon la météo

SO 36 D1 (8)
Salle de concerts et club incontournable depuis 30 ans, SO 36 est très engagé pour la diversité et la tolérance. Selon la programmation : rock, punk, électro, hip hop, gipsy-balkan, danses de salon (*dim. 19h-23h*), marché aux puces, soirées gays ou même karaoké !
→ *Oranienstrasse 190*
Tél. 030 61 40 13 06
www.so36.de

Ankerklause D2 (9)
Sur les berges arborées du Landwehrkanal, Ankerklause, café en blanc et bleu, se donne des airs de péniche en surplomb des flots. Très relaxant l'après-midi, il devient vibrant le soir, quand la foule se presse au son des tubes rock, hip-hop ou disco du juke-box !
→ *Kottbusser Damm 104*
Tél. 030 693 56 49 Tlj. 9h-3h

Watergate F1 (10)
Club un brin sélect où se ruent les adeptes de minimale. Dance floor ouvert sur la Spree, sous un prodigieux plafond de lumières.
→ *Falckensteinstrasse 49*
Tél. 030 61 28 03 94

Golgatha A3 (11)
Au pied de la colline de Viktoriapark, l'un des plus fameux de ces *Biergarten* qui fleurissent l'été !
→ *Viktoriapark (entrée par Katzbachstrasse ou Dudenstrasse 40-64)*
Tél. 030 785 24 53
Avr. : lun.-jeu. 12h-21h, ven.-sam. 12h-tard ; mai-sep. : lun.-jeu. 9h-21h, ven.-sam. 9h-tard (variable selon la météo)

Klunkerkranich E3 (12)
Au 5e étage du centre commercial Arkaden, un club sur une terrasse panoramique ! Sons variés (jazz, funk, pop japonaise, etc.), et en été, barbecue et autres réjouissances.
→ *Karl-Marx-Strasse 66*
Avr.-oct. : lun.-mer. 18h-tard, jeu.-dim. 16h-tard

Sameheads E4 (13)
Nuit insolite en perspective dans ce joyeux repaire, à la fois boutique, café, bar-restaurant et club à la programmation... décalée !
→ *Richardstrasse 10*
Tél. 030 70 12 10 60 Mer.-jeu. 18h-tard, ven.-sam. 22h-tard

BAINS

Liquidrom A1 (14)
Magnifiques bains pour une détente infinie : hammam, sauna au sel himalayen, massages aux pierres chaudes...
→ *Möckernstrasse 10*
Tél. 030 258 00 78 20
Tlj. 9h-0h (1h ven.-sam.)

Arena / Badeschiff F2 (15)
Une piscine de plein air a jeté l'ancre dans la Spree ! Tout l'été, elle accueille les nageurs qui, entre deux plongeons, peuvent construire des châteaux de sable sur la plage artificielle.
→ *Eichenstrasse 4*
(à 15 min à pied de la station de U-Bahn Schlesisches Tor)
Tél. 030 533 20 30
Mai-sep. : tlj. 10h-19h30 (variable selon la météo)

Stadtbad Neukölnn E4 (16)
Une piscine comme un palais à l'antique (R. Kiehl, 1912), où l'on se baigne à 30° sous les colonnes. Sauna tout aussi princier !
→ *Ganghofer Strasse 3*
Tél. 030 68 24 49 80 Entre 8h et 22h30, variables selon j.

SHOPPING

Die Imaginäre Manufaktur D1 (17)
Jeunes designers aveugles et handicapés allient leurs talents pour concevoir et fabriquer paniers, brosses, balais et une foule d'autres objets colorés. Café et pâtisseries sur place.
→ *Oranienstrasse 26*
Tél. 030 285 030 121
Lun.-sam. 9h (11h sam.)-18h

Markthalle Neun E1 (18)
Les halles du quartier, où l'on vient faire provision, déjeuner, ou boire une bière ! Le jeu., "Street food Thursday" (17h-22h).
→ *Eisenbahnstrasse 42-43*
Tél. 030 610 73 473
Lun.-ven. 12h-18h (22h jeu.), w.-e. 10h-18h

Markt am Maybachufer E2 (19)
Sur les quais du canal, un marché comme à Istanbul !
→ *Mar., ven. 11h-18h30*

Space Hall B2 (20)
Un magasin de disques, paradis des DJ. Tous les styles et labels, à écouter sur place. Vinyles au n° 35.
→ *Zossener Strasse 33*
Lun.-sam. 12h-20h

Zeha Berlin B3 (21)
Les baskets à deux bandes blanches Made in RDA sont cultes depuis la chute du Mur ! *Sneakers* et chaussures de ville.
→ *Friesenstrasse 7*
Tél. 030 69 53 88 55 Lun.-ven. 14h-19h, sam. 10h-18h

Pick & Weight B2 (22)
Une immense friperie où tout s'achète au poids !
→ *Bergmannstrasse 102 (au fond de la cour, 1er ét. gauche)*
Tél. 030 694 33 48
Lun.-sam. 11h-20h

Deutsches Technikmuseum

Park am Gleisdreieck

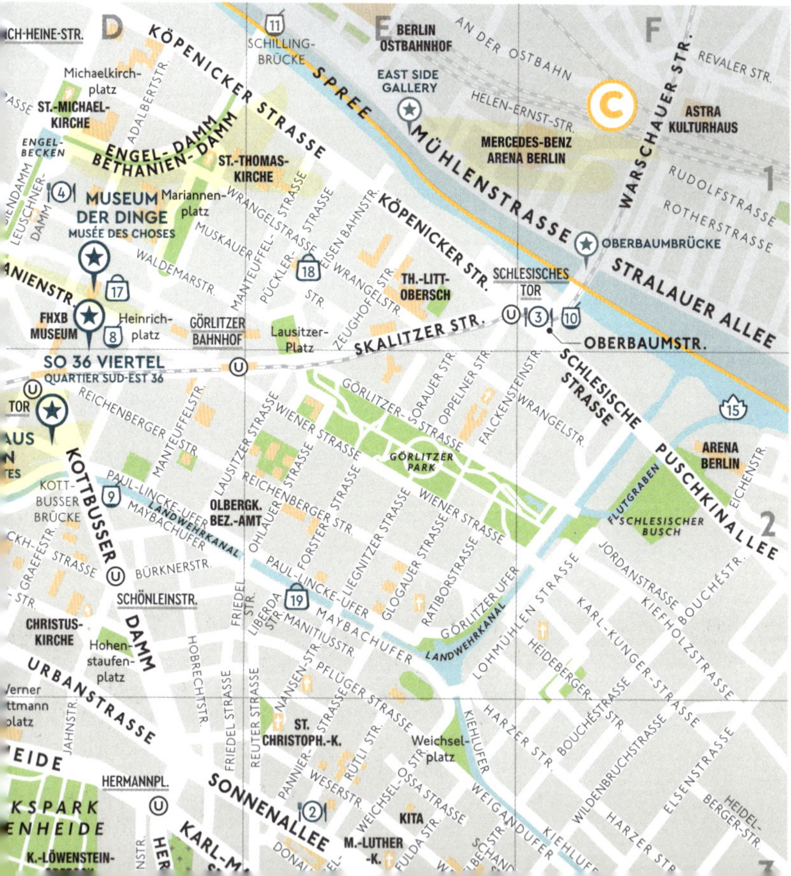

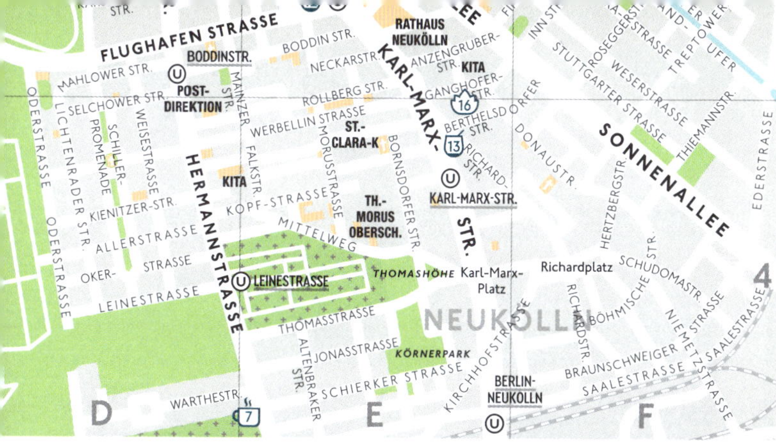

SO 36 Viertel

Museum der Dinge

-lin d'avant-guerre ont
nservé leurs façades néo-
naissance aux couleurs
dres, et le petit square
; vespasiennes du début
XXe s. Un miracle dans
quartier bombardé.
Marché bio Sam. 9h-15h

Tempelhofer Feld C4
plus singulier des
rcs de Berlin a remplacé
2008 les pistes de
éroport de Tempelhof !
érogare, bâtie pendant
IIe Reich, fut un modèle
curseur, avec ses
férents niveaux
tribuant départs et
vées. Puis l'aéroport fut
pièce maîtresse du pont
ien pendant le blocus de 1948-1949. Aujourd'hui, cet immense espace est devenu un laboratoire de créativité : potagers, buvettes, galeries à ciel ouvert, aires de jeux, prairies et pistes de roller !
→ Entrées sur Columbiadamm, Oderstrasse, Tempelhoferdamm
Tél. 030 200 03 74 00
Tlj. lever du soleil-coucher du soleil ***Visite guidée en anglais*** *(Tarif 16,50€) Mer.-dim. 13h30*

★ Künstlerhaus Bethanien D2
Résidences et expositions dans l'ancienne Lichtfabrik (usine d'ampoules), et aussi au Kunstraum Kreuzberg/Bethanien, un hôpital du XIXe s au nº 2 Mariannenplatz (**D** D1). Café avec jardin l'été.
→ Kottbusser Strasse 10
Tél. 030 616 90 30
Mar.-dim. 14h-19h Entrée libre

★ SO 36 Viertel D1
L'ancien Süd-Ost 36, cœur du Kreuzberg populaire. Chaque 1er Mai, de vives confrontations avec la police traduisent l'engagement politique d'une partie de sa population. Le reste du temps, la vie s'organise autour des marchés, des *Imbiss* et des épiceries turques, et le long des allées de saules pleureurs du Landwehrkanal.

★ Museum der Dinge D1
S'appuyant sur les principes du groupement d'artistes et d'industriels du Deutscher Werkbund (1907), ce musée répertorie les objets manufacturés depuis la fin du XIXe s. en leur conférant le statut d'œuvres d'art. Carafe, téléphone, marteau... : 30 000 "choses" au catalogue ! À voir aussi : la Cuisine de Francfort de Margarete Schütte-Lihotzky (1926), représentative d'un intérieur moderniste.
→ Oranienstrasse 25
Tél. 030 92 10 63 11
Jeu.-lun. 12h-19h Tarif 6€

Tiergarten

Tiergarten / Siegessaüle

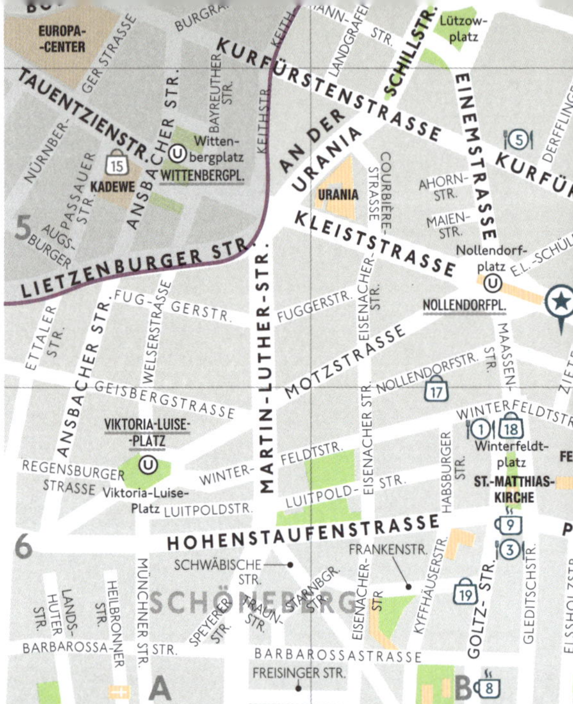

Brandenburger Tor D3
Les scènes de liesse lors de la chute du Mur en 1989 devant la porte de Brandebourg sont gravées dans les mémoires. Édifiée de 1788 à 1791 par Langhans sur le modèle des Propylées d'Athènes, et surmontée du *Quadrige de la Victoire*, elle symbolise la paix.

Reichstag D2
Achevé en 1894, le Parlement a connu la fin de la République de Weimar, avant d'être incendié en février 1933. Depuis 1999, retour à la transparence grâce au dôme de Norman Foster. À l'intérieur, deux rampes hélicoïdales dominent l'hémicycle coiffé d'une autre coupole.
→ *Platz der Republik 1 Tél. 030 22 73 21 52 Tlj. 8h-22h Rés. au moins 2 j. avant sur visite.bundestag.de*

Holocaust-Mahnmal D3
Glaçantes, les 2 711 stèles en béton brut (2005) de l'Américain Peter Eisenman invitent au recueillement. Au mémorial dédié à l'Holocauste, la *Raum der Namen* égrène les noms des juifs assassinés dans les camps.
→ *Entrée sur Ebertstrasse Tél. 030 26 39 43 36* ***Musée*** *Mar.-dim. 10h-20h (18h oct.-mars)* ***Visites guidées*** *Sam. (anglais) et dim. (allemand) à 15h Durée 30 min Entrée libre*

★ **Tiergarten / Siegessäule** B3-C3
La réserve de chasse des Hohenzollern fut aménagée en un parc paysager de 210 ha (1844) par Peter Lenné. L'île Rousseau (1792), les parterres fleuris du jardin de la reine Marie-Louise ou les sentiers en sous-bois en font un lieu de promenade. À l'ouest, la Siegessäule, colonne de la Victoire (67 m), offre un beau panorama.
→ *Tlj. 24h/24*

Potsdamer Platz D4
Le cœur de la cité des années 1920, rasé par les bombes alliées puis coupé en deux par le Mur, est devenu le centre d'affaire de la ville réunifiée : centr commerciaux, musées, boutiques, cinémas...

Panoramapunkt (**E** D4)
La vue est unique du hau la Kollhoff-Tower (1999) !
→ *Kollhoff-Tower Potsdame Platz 1 Tél. 030 25 93 70 80 10h-19h (18h hiver) Tarif 7,5*

Deutsche Spionagemuseum (**E** D4
Tout sur l'espionnage, do Berlin était championne durant la guerre froide. Un musée interactif, avec un fameux parcours laser
→ *Leipziger Platz 9 Tél. 030 39 82 00 451 Tlj. 10h-20h Tarif 7€*

Brandenburger Tor

Reichstag

Holocaust-Mahnmal

E

Tiergarten / Potsdamer Platz / Schöneberg

De la rampe en spirale du dôme du Reichstag, panorama à 360° sur la porte de Brandebourg, les édifices contemporains des ministères, et l'immense Tiergarten. Enserrant la Siegessäule et Schloss Bellevue, l'ancienne réserve de chasse est devenue le poumon vert de la ville, très prisé des Berlinois. Au sud, la Potsdamer Platz, si longtemps no man's land, a été, depuis les années 1990, magnifiée par les plus grands architectes. Couplé au Kulturforum, le complexe de grands musées de l'Ouest, il a retrouvé l'effervescence digne d'un centre-ville. À l'ouest, Schöneberg, d'allure résidentielle, abrite théâtres et bars gays vers Nollendorfplatz.

Café Einstein Stammhaus

Käfer im Deutschen Bunde

RESTAURANTS

Habibi B6 (1)
Adresse culte de Schöneberg, Habibi traverse les années sans rien perdre de sa fraîcheur et de son sens de l'hospitalité. À emporter ou sur place, toutes les spécialités libanaises : falafel, shawarma, halloumi... Plat 3,50-9€.
→ *Goltzstrasse 24*
Tél. 030 21 53 332 Tlj. 11h-0h

Joseph Roth Diele C5 (2)
Une vieille taverne, où le piano qu'aimait Joseph Roth continue de chanter ! Cuisine simple (Schnitzel, *spätzle* – sorte de pâtes – au jambon, fromage, etc.). Plat 9-16€.
→ *Potsdamer Strasse 75*
Tél. 030 26 36 98 84
Lun.-ven. 10h-22h

Shayan B6 (3)
L'hospitalité et les saveurs iraniennes dans un petit restaurant familial au cœur de Schöneberg. *Ghorme sabzi* (ragoût d'agneau aux herbes) et un *chaï* comme au pays. Plat 8-20€.
→ *Goltzstrasse 23*
Tél. 030 215 15 47 Tlj. 11h30-0h

Zollpackhof Restaurant & Biergarten C2 (4)
Au bord de la Spree, on se croirait à la campagne sur la terrasse de cet ancien casino (pourtant à 5 min de la gare centrale). Saucisse-choucroute, escalope panée, *spätzle*... Plat 10-22€.
→ *Elisabeth-Abegg-Strasse 1*
Tél. 030 33 09 97 20
Tlj. 12h-23h

Café Einstein Stammhaus B5 (5)
Classique parmi les classiques, le Café Einstein Stammhaus mérite une visite. Miraculeusement réchappée des bombardements, cette villa Jugendstil, sise dans un jardin, a des airs de bistrot viennois, avec ses journaux à lire, son café moulu, ses *Frühstücke* et ses mets autrichiens : escalope panée (*Wiener Schnitzel*), gâteau aux pommes (*Apfel Strudel*)... Plat 9-30€.
→ *Kurfürstenstrasse 58*
Tél. 030 263 91 90 Tlj. 9h-23h

Munch's Hus C6 (6)
Sous des personnages de Munch, une envolée vers la Norvège, grâce à l'élan aux châtaignes et canneberges, et à l'assiette de poissons du Skagerrak. Plat 17-26€.
→ *Bülowstrasse 66*
Tél. 030 21 01 40 86
Lun. 12h-14h ; mar.-ven. 12h-14h, 17h-23h ; sam. 17h-23h

Käfer im Deutschen Bundestag D2 (7)
Terrasse fantastique bordant la coupole

Teehaus im Englischen Garten

Philharmonie

Fräulein Anders

de verre du Reichstag ou salle tout en transparence, pour savourer son repas devant le panorama. Fine cuisine internationale. Apéro 25€, menu 45 (midi)-86€ (soir).
→ *Platz der Republik Reichstag*
Tél. 030 227 9220
Tlj. 9h-17h, 19h-23h
Rés. au moins 48h avant

GLAÇIER, CAFÉS, BARS

Jones Ice Cream B6 8
Un glacier réputé pour ses parfums, classiques ou plus insolites, comme celui au sésame noir ou encore au... concombre !
→ *Goltzstrasse 3*
Tél. 017 18 33 57 80
Tlj. 0h-2h (fermé l'hiver)

Winterfeldt Schokoladen B6 9
Le cacao serait-il un médicament ? C'est ce que défend Winterfeldt Schokoladen, pharmacie historique devenue salon de thé spécialisé. Sur ses étagères de bois trônent plus de 1 000 références de chocolats, tablettes colorées ou bonbons conservés dans les anciens bocaux pharmaceutiques ! Idéal pour faire des emplettes et siroter... un chocolat chaud.
→ *Goltzstrasse 23*
Tél. 030 23 62 32 56
Lun.-ven. 10h-19h, sam. 10h-19h, dim. 12h-18h

Café am Neuen See A3 10
À l'ombre des arbres du Tiergarten, un Biergarten idyllique, avec barques sur l'étang l'été.
À l'intérieur, le restaurant, de style chalet de montagne, offre un nid de chaleur en hiver. Pizza, *Flammkuchen* et saucisses.
→ *Lichtensteinallee 2*
Tél. 030 254 49 30
***Biergarten** Été : tlj. à partir de 11h **Restaurant** Tlj. 9h-0h*

Teehaus im Englischen Garten B2 11
Une halte dans un "jardin anglais" en pleine ville.
À la belle saison, ses deux terrasses attirent les foules, et par temps froid, on se réfugie dans des espaces chaleureux. Pour une bière, un petit déj., un vrai plat...
→ *Altonaerstrasse 2*
Tél. 030 39 48 04 00
Été : mar.-dim. 12h-20h
Réserver par beau temps

Qiu D4 12
Au 1er étage de l'hôtel Mandala, ce *lounge* design domine la Potsdamer Platz. Fameux cocktails.
→ *Potsdamer Strasse 3*
Tél. 030 590 05 12 30
Tlj. 12h-23h

Kumpelnest 3000 C5 13
Déco tapageuse plus que kitsch, musique aléatoire (disco grinçante, hits démodés...) et clientèle excentrique au contact facile. Inclassable !
→ *Lützowstrasse 23*
Tél. 030 261 69 18
Tlj. 19h-dernier client

CULTURE, CONCERTS

TIPI am Kanzleramt C2 14
Cette structure en tipi, prévue aussi pour des dîners-spectacles, accueille toutes sortes de concerts, cabarets, etc.
→ *Grosse Querallee*
Tél. 030 39 06 65 50
***Billetterie** Lun.-ven. 12h-18h30, w.-e. 15h-17h30*
***Caisse du soir** Tlj. à partir de 18h30 (17h30 dim.)*
www.tipi-am-kanzleramt.de

Philharmonie D4 15
La salle en forme de cirque conçue par Hans Scharoun offre à l'illustre Berliner Philharmoniker l'une des plus belles acoustiques du monde.
→ *Herbert-von-Karajan-Str. 1*
*Tél. 030 25 48 89 99 **Billetterie** Lun.-ven. 15h-18h, w.-e. 11h-14h **Lunch concerts** Sep.-juin : mer. 13h (40 min) www.berliner-philharmoniker.de*

SHOPPING

Getränke Hoffmann B5 16
Bières berlinoises, vins souabes, vodka ukrainienne, sodas américains ou eau minérale française...
→ *Kurfürstenstrasse 48-52*
Tél. 030 25 75 96 89
Lun.-sam. 9h-20h

Fräulein Anders B6 17
L'actrice Fräulein Lilly Anders a réalisé son rêve en ouvrant une friperie de qualité. Sacs et robes pimpantes remplissent cet espace baroque.
→ *Nollendorfstrasse 28*
Tél. 030 922 11 076
Jeu.-ven. 11h-19h, sam. 11h-16h (Lun.-mar. sur rdv)

Winterfeldtmarkt B6 18
Sur ce marché plus que convivial, on boit un verre ou on mange un morceau, attablé sur des tonneaux. Aussi, moult cafés autour !
→ *Winterfeldstrasse*
Mer., sam. 8h-14h (16h sam.)

UVR Connected B6 19
Des vêtements pour hommes et femmes 100% *made in Berlin* : couleurs vives, motifs originaux et coupes confortables.
→ *Goltzstrasse 40a*
Tél. 030 21 96 22 84 Lun.-ven. 11h-19h, sam. 10h-18h

Potsdamer Platz

Potsdamer Pl. / Panoramapunkt

Museum für Film und Fernsehen

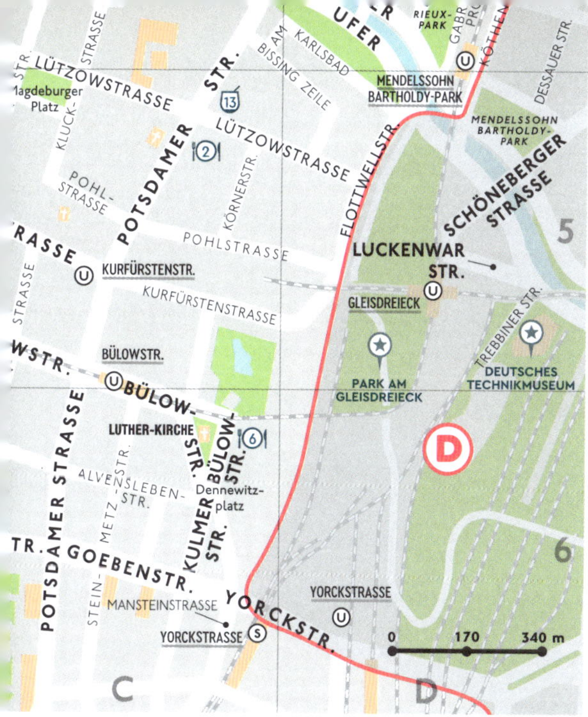

Gemäldegalerie

Neue Nationalgalerie

Museum für Film
d Fernsehen D4
velling sur l'histoire
7e art allemand.
tar : Marlene Dietrich !
otsdamer Strasse 2
030 300 90 30 Mer.-lun.
-18h (20h jeu.) Tarif 9€
Gemäldegalerie C4
ns la lumière naturelle
salles du Kulturforum
98), Dürer, Cranach et
Eyck, Giotto, le Caravage
encore Rembrandt
ent un éblouissant
emble de la peinture
opéenne du XIIIe au
e s. Un véritable trésor !
ulturforum,
thäikirchplatz
030 266 42 42 42
Mar.-dim. 10h (11h w.-e.)-18h
Tarif 8€

★ Neue Nationalgalerie C4
Picasso, De Chirico, Ernst... Une maison de verre pour l'art moderne (Mies van der Rohe, 1968). Importante section expressionniste : Munch, Kokoschka et peintres allemands de *Die Brücke* (Nolde, Kirchner) et de la Nouvelle Objectivité (Dix, Schad et Grosz).
→ *Potsdamer Strasse 50*
Tél. 030 266 42 42 42 Mar.-dim. 10h-18h (20h jeu.) Tarif 12€

★ Bauhaus-Archiv / Museum für Gestaltung B4
Fonctionnel et géométrique : le bâtiment construit en 1979 sur des plans de W. Gropius (1964) reste conforme au Bauhaus. Au musée, objets, tableaux et maquettes des créateurs de cette école qui unifiait art, design et architecture. Pendant les travaux, l'exposition est délocalisée au *Kneserbeckstr.* 1-2 (lun.-sam. 10h-18h) (**F** B3).
→ *Klingelhöferstrasse 14*
Tél. 030 254 00 20 Entrée libre

★ Schwules Museum B4
Le Musée gay présente des personnalités homosexuelles à travers les âges. Expositions temporaires thématiques.
→ *Lützowstrasse 73*
Tél. 030 69 59 90 50
Mer.-ven. 12h-18h (20h jeu.), w.-e. 14h-19h (18h dim.)
Tarif 9€

★ Urban Nation B5
Sur deux étages, stars du street art (Banksy, Shepard Fairey, C215...) et autres artistes reproduisent sur toile leurs œuvres phares. Un concept muséal détonant, d'autant que la visite se poursuit dans la rue, où les façades des bâtiments rivalisent de créativité !
→ *Bülowstrasse 7*
Mar.-mer. 10h-18h, jeu.-dim. 12h-20h Entrée libre

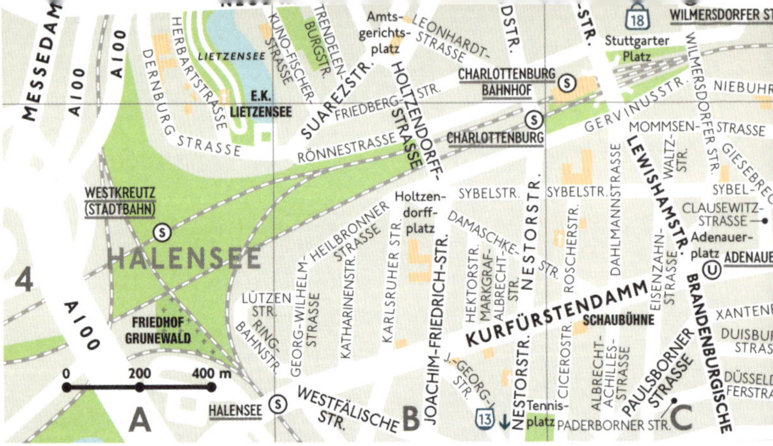

The Story of Berlin

Schloss Charlottenb

★ Hansaviertel F2
À l'occasion de l'Expo internationale de 1957, Berlin-Ouest confie à 53 architectes (Aalto, Gropius, Niemeyer...) la construction de 1 160 logements. Ainsi naît le quartier Hansa, exemplaire de l'urbanisme moderne.
→ Plan sur Hansaplatz

★ Akademie der Künste F2
Dans le bâtiment de Werner Düttman (1960), expositions, lectures et spectacles de haut vol.
→ Hanseatenweg 10
Tél. 030 200 57 20 00
Tlj. 11h-19h www.adk.de
Entrée libre (rés. en ligne)

★ Zoo Berlin F3
Derrière son imposant portail, le vieux zoo (1844) de Lenné, l'un des plus riches au monde, abrite quelque 18 000 animaux.
→ Hardenbergplatz 8
Tél. 030 25 40 10
Nov.-fév. : tlj. 9h-16h30 ; mars-oct. : tlj. 9h-18h30 (18h mars, oct.) Tarif 17,50€

★ Museum für Fotografie E3
Des expositions sur l'œuvre du photographe de mode Helmut Newton côtoient celles du Centre national de photo contemporaine.
→ Jebensstrasse 2
Tél. 030 266 42 42 42 Mar.-dim. 11h-19h (20h jeu.) Tarif 10€

★ C/O Berlin E3
À l'Amerika Haus (Bruno Grimmeck, 1957) se succèdent depuis 2014 des expos internationales de photo, dans des espaces vastes et lumineux.
→ Hardenbergstrasse 22-24
Tél. 030 284 44 1662 Tlj. 11h-20h ***Café*** *Lun.-jeu. 11h-18h, ven.-sam. 11h-20h Tarif 10€*

Kaiser-Wilhelm-Gedächtnis-Kirche E3
Depuis 1943, l'église du Souvenir (1895) dresse vers le ciel un clocher mutilé, rappelant la violence des bombardements. La nuit, la tour-clocher et la nef de la nouvelle église (E. Eiermann, 1961) forment deux prismes de verre ble éclairés de l'intérieur.
→ Breitscheidplatz
Tél. 030 218 50 23 ***Église*** *Tlj. 10h-18h* ***Hall du Souvenir*** *Lu sam. 10h-18h, dim. 12h-17h*

★ Käthe-Kollwitz-Museum E4
L'œuvre expressionniste Käthe Kollwitz (1867-1945 hurle l'horreur de la misè qu'elle découvre aux côté de son mari, médecin à Prenzlauer Berg. La majeu partie de ses sculptures ayant été détruites penda la guerre, le musée expos surtout des gravures.
→ Fasanenstrasse 24
Tél. 030 882 52 10
Tlj. 11h-16h Tarif 7€

Hansaviertel

Zoo Berlin

Museum für Fotogra

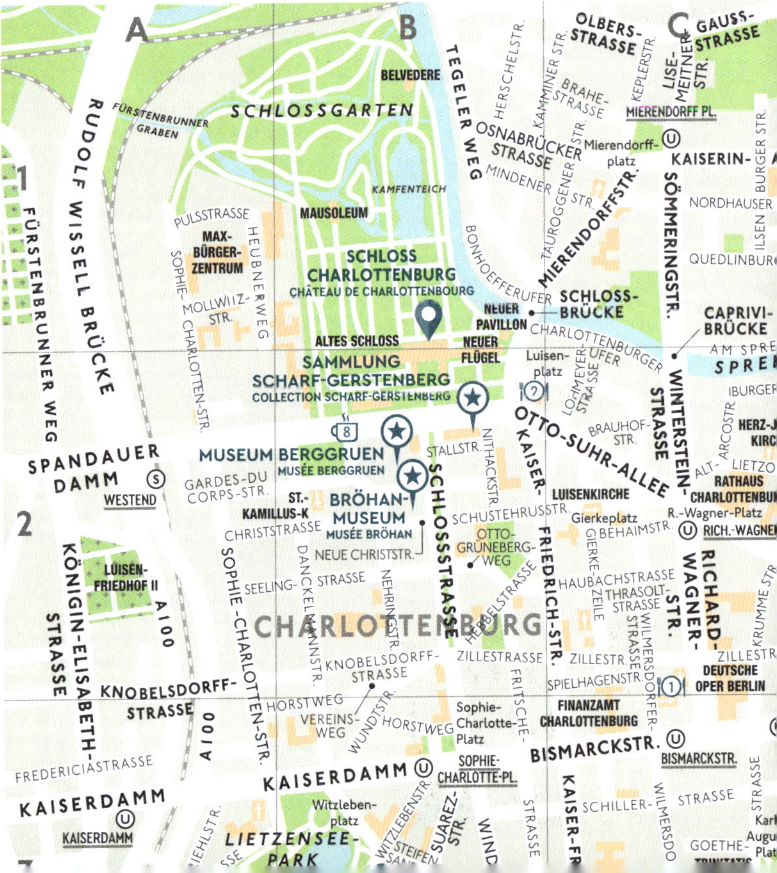

F

Kurfürstendamm / Charlottenburg

Sur le Kurfürstendamm, surnommé “Ku’Damm”, les cafés et les cabarets qui attiraient la bohème des années 1920 ont cédé la place aux grandes marques internationales et à leurs imposantes enseignes. Sur cette longue artère et dans les rues environnantes, ponctuées de façades Jugendstil et d’arbres sans âge, se déverse un flot continu de Berlinois et de visiteurs, à l’affût d’une boutique, d’un théâtre ou d’un grand hôtel. Plus à l’ouest, les résidences bourgeoises de Charlottenburg, petits immeubles et luxueuses villas, entourent le château baroque et son cortège de musées.

Brauhaus Lemke am Schloss

Dao by Meo Thai Restau

RESTAURANTS

Rogacki C2 (1)
Des poissons frais servis en snack, dans ce marché épicerie fine géant, au cachet très rétro. On y déguste anguilles ou harengs de la Baltique, debout au bar. Plat 7-19€.
→ Wilmersdorferstrasse 145/146 Tél. 030 34 38 250 Mar.-ven. 10h (9h ven.)-18h, sam. 8h-14h

Brauhaus Lemke am Schloss B2 (2)
Face au château de Charlottenburg, une brasserie aux bancs de bois, où coule la bière maison, à accompagner d’une saucisse typique. Plat 10-23€.
→ Luisenplatz 1
Tél. 030 30 87 89 79
Tlj. 12h (17h lun.-jeu.)-21h30

Dao by Meo Thai Restaurant D3 (3)
À l’ombre de bouddhas dorés, nouilles de riz sautées aux crevettes, canard grillé aux légumes croustillants ou encore, pour les palais éprouvés, soupe *Tom Yam* épicée... Plat 15-26€.
→ Kantstrasse 133
Tél. 030 37 59 14 14
Tlj. 12h-23h

NENI Berlin F3 (4)
Tout en haut du 25Hours Hotel, un restaurant aux airs de jardin d’hiver, perché au-dessus du zoo. Saveurs ensoleillées aux parfums du Maghreb et du Moyen-Orient : couscous, houmous, tajines... Plat 14-26€.
→ Budapester Strasse 40
Tél. 030 120 22 12 00
Lun.-jeu. 12h-0h, ven.-dim. 12h30-23h

Manzini E4 (5)
Voyage en Italie assuré dans ce restaurant au décor sobre et élégant. Les serveurs à l’ancienne – nœud papillon et grand tablier – s’activent autour des habitués, artistes, politiciens et acteurs du Tout-Berlin-Ouest. Au menu : *Frühstück*, paninis, lasagnes, risottos... Plat 10-31€.
→ Ludwigkirchstrasse 11
Tél. 030 88 57 820 Tlj. 8h-1h

Engelbecken B3 (6)
Des murs ornés d’art contemporain pour cette auberge qui ne désemplit pas. Les recettes de Bavière et des Alpes y sont préparées avec des produits bio extrafrais ! Réservation conseillée. Plat 14-24€.
→ Witzlebenstrasse 31
Tél. 030 615 28 10
***Restaurant** Lun.-sam. 17h-23h, dim. 12h-23h, dim. 12h-0h30 (23h cuisine)*
***Café** Lun.-ven. 17h-22h*

Monkey Bar

KPM

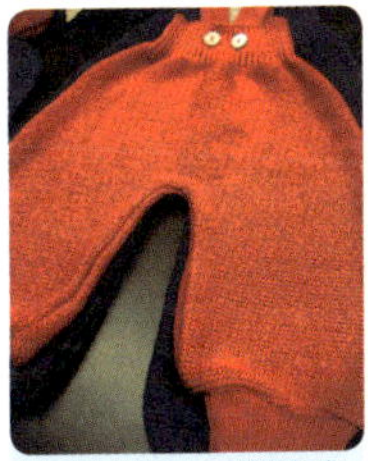

Bikini Berlin

CAFÉS, SALONS DE THÉ

Cafe im Literaturhaus E4 (7)
Massifs verdoyants, allées de gravier fin, serre Jugendstil et personnel en complet blanc : une halte hors de la frénésie du Ku'Damm, retour au temps où l'on prenait son temps.
→ *Fasanenstrasse 23*
Tél. 030 882 54 14 Tlj. 9h-0h

Kleine Orangerie B2 (8)
Face aux musées, au bout de l'orangerie du château, une serre exotique et un Kneipe pour une pause café ou une *Flammkuchen*.
→ *Spandauer Damm 20*
Tél. 030 322 20 21
Mer.-dim. 12h30-18h

Schleusenkrug F3 (9)
En face de l'écluse, sur le canal, ce Biergarten connut une situation étrange après l'édification du Mur, partagé entre Berlin-Est (rdc) et Berlin-Ouest (étage)... Fort heureusement, c'est aujourd'hui un lieu extrêmement rassembleur !
→ *Müller-Breslau-Strasse*
Tél. 030 313 99 09
Été : tlj. 12h-22h ; hiver : tlj. 12h-18h

BARS, CLUBS

Monkey Bar F3 (10)
Sur les rythmes électro, on observe les singes du zoo, 10 étages plus bas, un cocktail à la main ! Ne manquez pas le coucher du soleil...
→ *25Hours Hotel*
Budapester Strasse 40
Tél. 030 12 02 21 210
Lun.-jeu. 18h-1h (2h jeu.), ven.-dim. 13h-2h (1h dim.)

Quasimodo E3 (11)
Sous le bar, un escalier conduit au jazz-club, qui accueille des pointures et de légendaires sessions d'impro blues, soul, disco, funk... Public surchauffé !
→ *Kantstrasse 12a*
Tél. 030 31 80 45 60 ***Bar à cocktails*** *Mer.-dim. 17h-tard* ***Club*** *Ouvert dès 21h30 quand concert (22h30)*

A-Trane D3 (12)
Une petite salle pour un grand club, qui voit passer tout le gratin du jazz international et de jeunes artistes locaux. Inévitable !
→ *Bleibtreustrasse 1*
Tél. 030 313 25 50 Tlj. 20h-1h

Die Kleine Weltlaterne hors plan B4 (13)
Ce mythe berlinois depuis 1961 est réputé pour lancer peintres et musiciens. Ambiance assurée ! Concerts jazz, etc.
→ *Nestorstrasse 22*
Tél. 030 892 65 85
Mar., jeu.-sam. 20h-1h

SHOPPING

KPM E2 (14)
La manufacture royale de porcelaine, créée par Frédéric le Grand en 1763, s'enorgueillit de son savoir-faire. Ses joyaux de vaisselle ne sont toutefois pas à la portée de tous !
→ *Wegelystrasse 1*
Tél. 030 232 56 04 85
Lun.-sam. 10h-18h

KaDeWe / Kaufhaus des Westens F4 (15)
Le plus grand magasin d'Europe, depuis 1907. On y trouve tout, de la mode à la papeterie... Dont mille sortes de saucisses, fromages et vins, et des *food courts* aux 6ᵉ et 7ᵉ étages. Sublime à Noël !
→ *Tauentzienstrasse 21-24*
Tél. 030 212 10 Lun.-ven. 10h-20h (21h ven.), w.-e. 9h30 (13h dim.)-20h

Bikini Berlin F3 (16)
Le premier concept *mall* de Berlin : entre les chaînes internationales, des box en bois éphémères donnent leur chance à des marques indépendantes. Au rez-de-chaussée, jeter un œil chez l'opticien Mykita, pour sa présentation futuriste !
→ *Budapester Str. 38-50*
Tél. 030 55 49 64 55
Lun.-sam. 10h-20h (en déc., parfois le dim. 13h-18h)

Ku'Damm A4-E3
Plus de 3,5 km de boutiques, galeries d'art, hôtels de luxe et théâtres.

Steiff in Berlin D4 (17)
Les célèbres peluches en mohair du Baden-Württemberg se reconnaissent à leur petit bouton sur l'oreille !
→ *Kurfürstendamm 38-39*
Tél. 030 88 62 50 06 Lun.-sam. 10h-19h (18h sam.)

Harry Lehmann C3 (18)
On raconte que Marlène Dietrich fréquentait cette parfumerie, créée en 1926, aujourd'hui installée dans ce quartier. Derrière une vitrine au charme démodé, plus de 50 essences...
→ *Kantstrasse 106*
Tél. 030 324 35 82
Lun.-sam. 10h-18h (14h sam.)

Wald Königsberger Marzipan B3 (19)
Le temple du massepain à Berlin !
→ *Pestalozzistrasse 54a*
Tél. 030 323 82 54 Lun.-sam. 10h-18h30 (15h30 sam.)

C/O Berlin

Kaiser-Wilhelm-Gedächtnis-Kirche

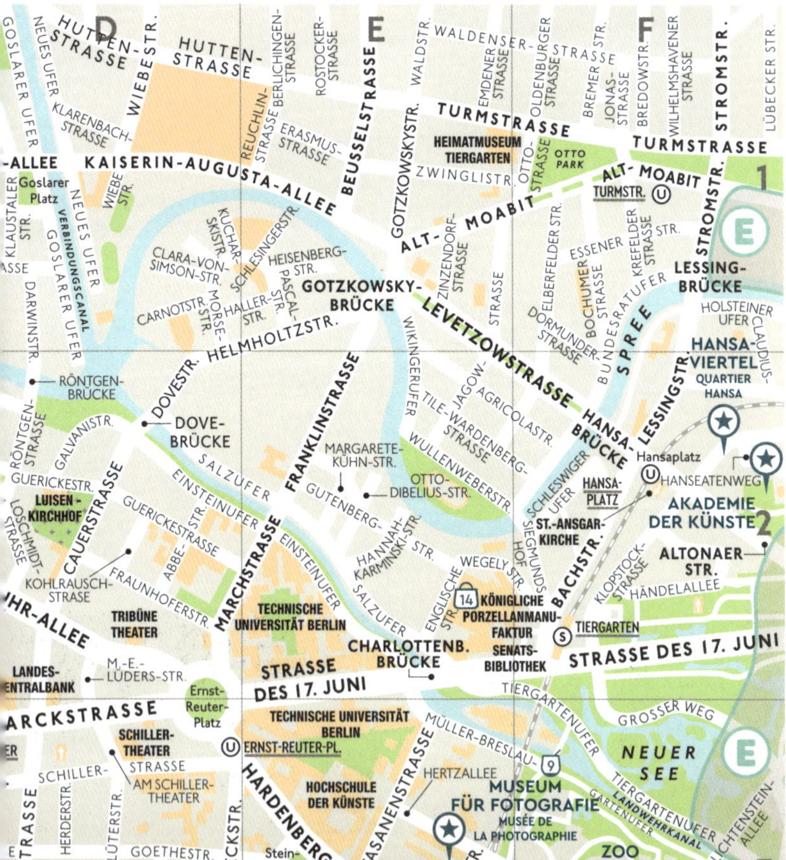

Schlossgarten

Scharf-Gerstenberg

Museum Berggruen

**The Story
Berlin** D4
› ans de l'épopée
Berlin, de la fondation
la ville au XIIIe s., à la
ıte du Mur, retracés par
; expositions interactives.
miner la visite par
descente insolite
ıs un abri antinucléaire !
Kurfürstendamm 207-208
030 88 72 01 00 Tlj. 10h-20h
nière entrée 18h) Tarif 12€

**Schloss
arlottenburg** B1
:hâteau, joyau
baroque à Berlin, dédié
Frédéric Ier (1688-1713) à
emme Sophie-Charlotte,
grandi (1741-1743) par
›belsdorff pour Frédéric II.
À l'intérieur : les somptueux appartements du roi, sa collection de peintures françaises (dont sept Watteau) et dans la Galerie der Romantik, les chefs-d'œuvre de C. D. Friedrich (1774-1840). Dans les jardins, le parc anglais (1828) de Lenné. À voir : le pavillon Napolitain de Schinkel, le belvédère de Carl Gotthard Langhans et le mausolée de la reine Louise (1776-1810).
→ *Spandauer Damm 10-22*
Tél. 03 032 09 10 Nov.-mars : mar.-dim. 10h-16h30 ; avr.-oct. : mar.-dim. 10h-17h30
Tarif 12€ (château) ou 17€ (accès à tous les bâtiments)

★ Sammlung Scharf-Gerstenberg B2
Dans les anciennes écuries du château de Charlottenburg, les 250 chefs-d'œuvre collectionnés par le petit-fils d'Otto Gerstenberg brossent un panorama du surréalisme, entre audaces de Dalí et couleurs flamboyantes d'Ernst.
→ *Schlossstrasse 70*
Tél. 030 266 42 42 42
Mar.-dim. 10h (11h w.-e.)-18h
Tarif 12€ (billet groupé avec le Museum Berggruen)

★ Museum Berggruen B2
Les plus grands maîtres de l'art moderne, rassemblés par Heinz Berggruen : Cézanne, Klee, Giacometti, Matisse... et plus de 100 œuvres de Picasso
→ *Schlossstrasse 1*
Tél. 030 266 42 42 42
Mar.-dim. 10h (11h w.-e.)-18h
Tarif 12€ (billet groupé avec la Sammlung Scharf-Gerstenberg)

★ Bröhan-Museum B2
Les plus grands maîtres de l'art moderne, rassemblés par Heinz Berggruen, fameux marchand d'art allemand : Cézanne, Braque, Giacometti, Matisse... et plus d'une centaine d'œuvres de Pablo Picasso !
→ *Schlossstrasse 1a*
Tél. 030 32 69 06 00
Mar.-dim. 10h-18h Tarif 8€

BALADES

Architecture au fil de l'eau

½ journée

7,5 km

Au bord de la Spree, monuments contemporains et grands projets urbains s'enchaînent, reflets d'une ville qui bouge !

Départ à l'Est, devant la **Niederländische Botschaft**, l'ambassade des Pays-Bas (*Klosterstraße 50*), curieux bâtiment cubique signé par le célèbre architecte néerlandais Rem Koolhaas (2004).

La conception de l'espace intérieur – traversé par un couloir continu ouvert sur l'extérieur grâce à de grandes baies vitrées – a été saluée par de nombreux prix.

On longe ensuite la Spree jusqu'à apercevoir, sur l'autre rive, l'**Humboldt Forum**, ancien château baroque de Berlin récemment reconstruit à l'identique… hormis sa façade ivoire et lisse côté rivière et son spectaculaire atrium central cerné de galeries.

Sur l'île aux Musées (Museumsinsel), on se laisse éblouir par l'incroyable **James Simon Galerie** (David Chipperfield, 2016). Ses colonnes pures d'une formidable modernité s'intègrent parfaitement aux grandioses architectures classiques environnantes. Du même architecte, on admire un peu plus loin la **Haus Bastian** (*Am Kupfergraben 10*), centre pour l'éducation culturelle aux proportions très étudiées. À deux pas, l'entrée en verre du **Deutsches Historisches Museum** vaut le coup d'œil (Ieoh Ming Pei, 2003).

On continue jusqu'à la **Pariser Platz**, dont la reconstruction dissimule des trésors : le hall surréaliste de la DZ Bank (Frank Gehry, 2001), la façade translucide de l'**Akademie der Künste** (Behnisch & Partner, 2004) et l'**ambassade de France** (Christian de Portzamparc, 2002).

Après le **Reichstag** et sa magnifique coupole de verre (Norman Foster, 1999), redescendre sur les bords de la Spree parmi les bâtiments fédéraux du Band des Bundes ("ruban fédéral") : les **Paul-Löbe-Haus**, **Marie-Elizabeth-Lüders-Haus** et **Bundeskanzleramt** nous donnent une leçon de monumentalité et de géométrie ! Non loin, la **Schweizerische Botschaft**, l'ambassade de Suisse, a été dotée en 2000 d'une extension de béton brut. En poursuivant le long du fleuve, faire une halte sous le spectaculaire dôme de la **Haus der Kulturen der Welt** (Hugh Stubbins, 1957). Ce lieu culturel très vivant accueille expositions et concerts.

On s'engage ensuite dans le Tiergarten, vers **Hansaviertel**. Ravagé pendant la Seconde Guerre mondiale, ce quartier fut reconstruit entre 1957 et 1961 dans le cadre de l'Interbau, la fameuse exposition internationale d'architecture à laquelle participèrent 53 architectes renommés. Au sein de cet ensemble urbain classé se distingue l'**Akademie der Künste** par Werner Düttmann, et les maisons individuelles conçues par Arne Jacobsen ou Sergius Ruegenberg.

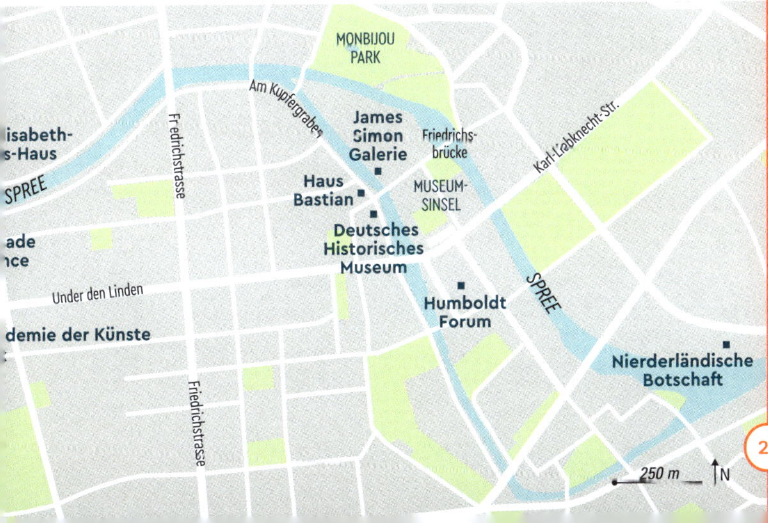

Street art

½ journée

5,5 km + métro

Après la chute du Mur, la ville désertée devient le support favori des street artistes, qui viennent du monde entier apposer leurs couleurs sur cette immense toile à ciel ouvert !

Friedrichshain

Entrée en matière fracassante au sein de l'ancien site ferroviaire de **RAW Tempel**, haut lieu de fête... et de street art, où se familiariser avec ses différentes techniques : *stickerart* (autocollant), stencil (pochoir), *roll-ons* (écritures ou lettres géantes), murals (fresques)... Au n° 1 de Revaler Strasse, ne pas manquer le couteau suisse géant des frères de One Truth, avant de gagner les berges de la Spree et l'incontournable **East Side Gallery**, immense portion

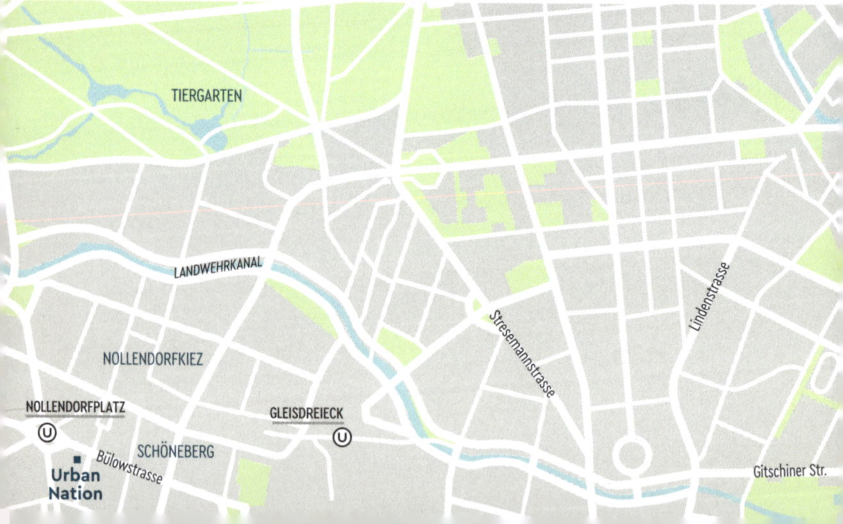

du Mur (1,3 km) où l'on retrouve les personnages de Jim Avignon, Thierry Noir ou encore Kim Prisu.

Kreuzberg

On rejoint cet autre quartier phare du street art en traversant l'**Oberbaumbrücke**. À la sortie du pont sur la gauche, on admire le troublant **Pink Man** de l'Italien Blu, constitué de centaines de corps contorsionnés. Célèbre pour ses œuvres fortes et engagées, l'artiste signe également **Wall** au n° 11 de Köpenicker Strasse.

À deux pas, sur Oppelner Strasse, deux œuvres emblématiques se font face : le **Yellow Man** des Brésiliens Os Gemeos et **Rounded Heads**, un étrange baiser de l'artiste berlinois NOMAD. Plus haut, à l'angle d'Oranienstrasse et de Manteuffelstrasse, apparaît une **Nature morte** sur cinq étages : ROA a choisi de représenter des carcasses d'animaux pour dénoncer la destruction de leur milieu. Enfin, au n° 195 de Mariannenstrasse, le gigantesque **Cosmonaut** de Victor Ash s'élève en apesanteur, plus grand dessin au pochoir du monde !

Schöneberg

La découverte se poursuit à l'Ouest. Emprunter le métro aérien (de Kottbusser Tor à Kurfürstenstrasse) pour rejoindre **Urban Nation**, le musée "officiel" du street art. Rénovés par les architectes de GRAFT, ses murs bariolés le signalent de loin et sa collection sur "toile" présente un panorama détonant de la production mondiale, du duo berlinois HERAKU à Blek le Rat en passant par Stik ! Après la visite, l'exploration continue dans les rues voisines, particulièrement riches en fresques, stickers et panneaux de signalisation détournés (notamment par Clet Abraham).

Pour ceux qui en voudraient plus, **Alternative Berlin Tours** (*Tél. 016 28 19 82 64 alternativeberlin.com Mer., ven. à 13h*) organise de passionnantes visites guidées en anglais (durée 3h, départ *Rewe Supermarket, Revaler Strasse 2*) qui se terminent par un atelier dans un vaste hangar : à vos pochoirs !

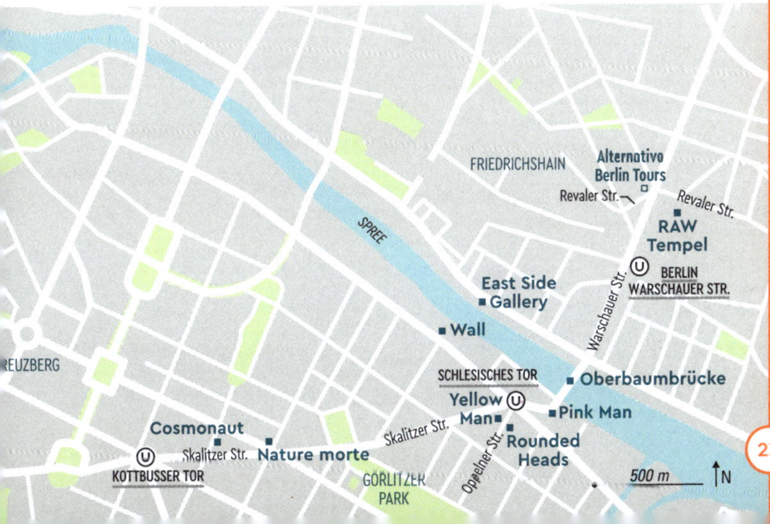

Sur les traces du Mur à vélo

Divisant Berlin sur près de 155 km, le Mur a laissé place au Mauerweg, une voie pédestre et cyclable, jalonnée de jardins, de mémoriaux, de fragments et même de vides !

Rendez-vous au jardin de **Kleingartenanlage Bornholm**, où une rangée de cerisiers marque le tracé du Mur. À côté se tient la **Platz der 9. November** : c'est ici que se trouvait le premier poste-frontière à s'ouvrir lors de la chute du Mur le 9 novembre 1989. Une série de photographies illustre cette nuit unique.

On roule ensuite le long du Schwedter Steg jusqu'au **Mauerpark**, où subsiste un vaste segment du Mur, support à des œuvres de street art. Prochaine étape, le site phare de la Bernauer Strasse, ancienne zone de sûreté abritant désormais un passionnant mémorial, le **Gedenkstätte Berliner Mauer**.

La piste cyclable continue à travers le **Park am Nordbahnhof** et longe le Schifffahrtskanal, au bord duquel se dresse le **Mémorial Günter Litfin**, qui rend hommage à ce jeune homme de 24 ans tué par la police est-allemande alors qu'il tentait de franchir la frontière à la nage... Puis, on traverse la Spree en empruntant le **Kronprinzenbrücke**, reconstruit après avoir été démoli suite à la construction du Mur.

La piste mène ensuite jusqu'à la **Brandenburger Tor**, symbole du Berlin divisé puis réunifié qui trôna pendant 28 ans au milieu d'un *no man's land* sous haute surveillance. On poursuit notre route jusqu'à l'impressionnante *skyline* de la **Potsdamer Platz**, autre *no man's land* coupé en deux et devenu le centre d'affaires de la ville réunifiée.

Parfaitement conservé, un grand **fragment du Mur** se dresse le long de la Niederkichnerstrasse, accompagné d'une série de panneaux explicatifs richement documentés retraçant l'histoire du Mur. Les curieux voulant en savoir plus mettront pied à terre pour visiter le **Checkpoint Charlie**, célèbre poste-frontière où avait lieu l'échange des prisonniers.

On s'accorde une petite pause au bord du bassin de l'**Engelbecken Park** avant de retraverser la Spree pour atteindre la dernière étape de la balade : l'emblématique **East Side Gallery**, longue portion du Mur (1,3 km !) entièrement recouverte par des fresques célébrant la paix et la liberté.

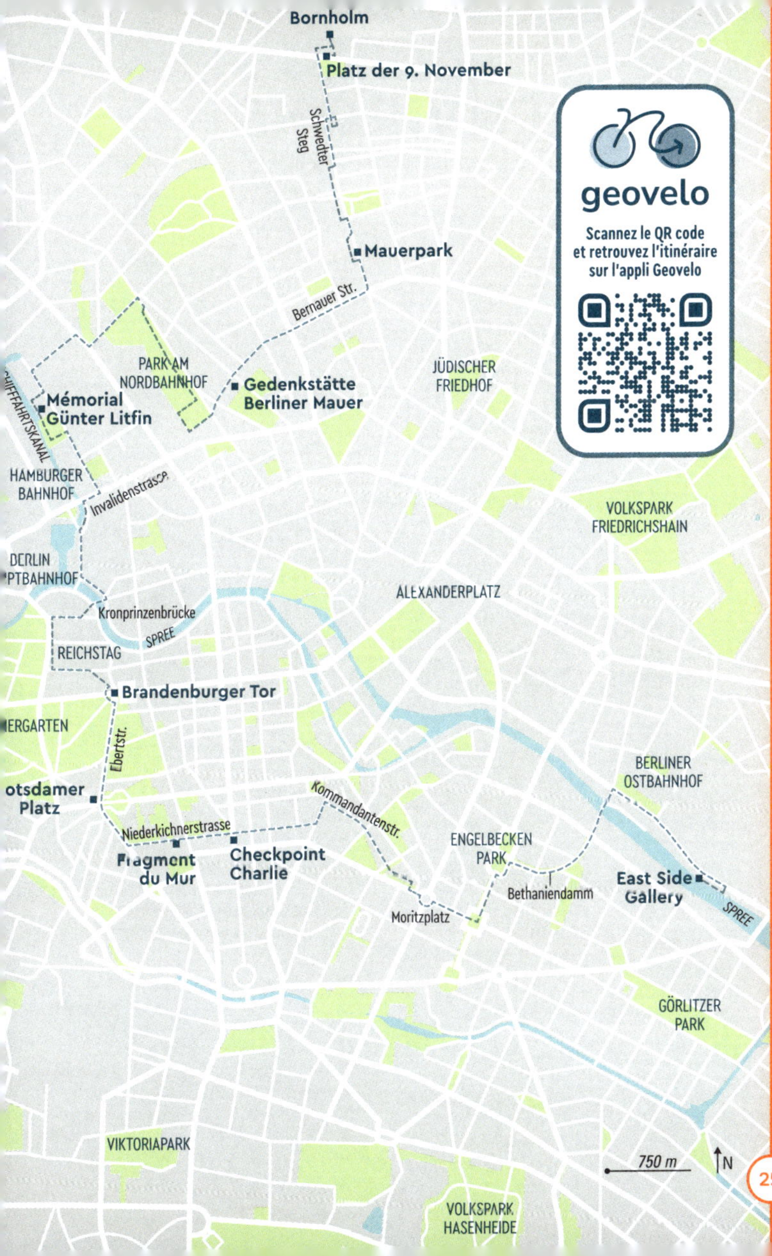

Bornholm
Platz der 9. November
Schwedter Steg
Mauerpark
Bernauer Str.
PARK AM NORDBAHNHOF
Gedenkstätte Berliner Mauer
JÜDISCHER FRIEDHOF
geovelo
Scannez le QR code et retrouvez l'itinéraire sur l'appli Geovelo
HIFFAHRTSKANAL
Mémorial Günter Litfin
HAMBURGER BAHNHOF
Invalidenstrasse
BERLIN
PTBAHNHOF
VOLKSPARK FRIEDRICHSHAIN
ALEXANDERPLATZ
Kronprinzenbrücke
SPREE
REICHSTAG
Brandenburger Tor
ERGARTEN
Ebertstr.
otsdamer Platz
Niederkirchnerstrasse
Fragment du Mur
Checkpoint Charlie
Kommandantenstr.
ENGELBECKEN PARK
Bethaniendamm
Moritzplatz
BERLINER OSTBAHNHOF
East Side Gallery
SPREE
GÖRLITZER PARK
VIKTORIAPARK
VOLKSPARK HASENHEIDE
750 m
N

ENVIRONS

Grunewald ....30 min

Aux portes de Berlin, la forêt de Grunewald étend ses 3 100 ha et son lac, le Teufelssee, prisé par les Berlinois en été. Non loin, on visite le curieux site du Teufelsberg (montagne du Diable), tour à tour ancienne université militaire nazie, maintenant ensevelie, puis centre d'écoute de la NSA durant la guerre froide. De la terrasse, superbe vue sur les environs boisés. Au sud-est, le Sandgrube, carrière de sable géante, rappelle les dunes de l'Atlantique.

⟶ S-Bahn S7 arrêt Grunewald

Brücke-Museum ....30 min

En lisière de forêt, on découvre ce musée consacré au mouvement expressionniste allemand *Die Brücke* (le Pont), fondé en 1905 à Dresde par quatre étudiants en architecture. Aquarelles, dessins, sculptures et toiles sont accrochés en alternance.

⟶ Bussardsteig 9, Berlin-Dahlem
U-Bahn U3 arrêt Oskar Helene Heim, puis bus n° 115 arrêt Pücklerstrasse Tél. 030 8390 0860
Mer.-lun. 11h-17h www.bruecke-museum.de Tarif 8€

Villa Max Liebermann ....45 min

Pour faire le plein de lumière et de couleurs, rendez-vous dans cette ancienne résidence d'été du peintre et graveur Max Liebermann (1847–1935), l'un des plus grands représentants de l'impressionnisme allemand. En tout 154 œuvres de l'artiste

Grunewald

y sont exposées, dont beaucoup furent inspirées par son jardin bucolique... Pour une pause, on profitera du Café Max, dont la terrasse offre une magnifique vue sur le lac (snack 5-10€).

→ Colomierstrasse 3 S-Bahn S1 ou S7 arrêt Wannsee, puis bus n° 114 arrêt Liebermann Villa Tél. 030 80 58 59 00 Oct.-mars : mer.-lun. 11h-17h ; avr.-sep. : mer.-lun. 10h-18h www.liebermann-villa.de Tarif 10€

Potsdam .... 50 min

La ville-résidence des rois de Prusse, embellie au XVIIIe s. par Frédéric le Grand, possède un centre-ville de charme dans le goût baroque et néoclassique : façades peintes, bulbes verts, places pavées... Admirer l'ancien hôtel de ville (1755), l'église Saint-Nicolas de Schinkel (1837), le quartier hollandais (1752), de pur style flamand, ou encore le Museum Barberini, qui accueille la riche collection d'art du magnat Hasso Plattner, figure allemande des nouvelles technologies : maîtres impressionnistes, expressionnistes allemands, école de Leipzig, etc.

→ Maulbeerallee Potsdam S-Bahn S7 arrêt Potsdam Hauptbahnhof Museum Barberini Humboltstr. 5-6 Tél. 0331 23 60 14 499 Mer.-lun. 10h-19h www.museum-barberini.com Tarif 16€ (18€ le w.-e.)

Schloss Sanssouci ..... 50 min

Sanssouci ou le Versailles allemand, version rococo, édifié par Frédéric le Grand au XVIIIe s. Ce long pavillon jaune d'or se dévoile au sommet d'un escalier extravagant, bordé de terrasses exemplaires de l'art topiaire. C'est ici que le souverain se livrait à ses activités littéraires et musicales, *sans aucun souci*. À voir aussi : le Nouveau Palais, la Maison de thé chinoise, l'Orangerie et la Galerie des tableaux.

→ Maulbeerallee Potsdam Du S-Bahn S7, bus n° 614 ou 695 arrêt S. Sanssouci Avr.-oct. : mar.-dim. 10h-17h30 ; nov.-mars : mar.-dim. 10h-16h30 Tarif 14€

Filmpark Babelsberg .... 50 min

Ces studios, créés en 1912, transformés en "parc" en 1993, ont accueilli les tournages de *Nosferatu* (1922) de Murnau, de *Metropolis* (1927) de Fritz Lang, ou encore du *Pianiste* (2002) de Roman Polanski. Visite des coulisses, démonstrations d'effets spéciaux, cinéma 4D...

→ Grossbeerenstr. 200 Potsdam Du S-Bahn S7, bus 601 ou 690 arrêt Filmpark Tél. 0331 72 123 45 Avr.-fin oct. : mer.-dim. 10h-18h (17h en oct.) Horaires parfois variables, vérifier sur Internet

Potsdam, Schloss Sanssouci

CARNET PRATIQUE

ARGENT

CARTE DE CRÉDIT
Pas toujours acceptées : garder du liquide sur soi. Distributeurs (*Geldautomat*) présents dans le métro.

POURBOIRE
Au restaurant, arrondir la note (pas de monnaie sur la table).

SE REPÉRER
Sachez qu'à Berlin, les numéros de rue se suivent sur le même trottoir, puis continuent en face, sans côtés pair et impair comme on peut en trouver en France.

TÉLÉPHONE

France-Berlin
→ Fixe 00 49 + n° de 8 à 12 chiffres (débutant par 030) sans le 0
→ Mobile 00 49 + n° de portable de 11 à 12 chiffres (débutant par 016 ou 017) sans le 0

Allemagne-Berlin
→ 030 + n° de tél.

Berlin-France
→ 00 33 + n° sans le 0

Urgences
→ 112 (numéro européen)

BUDGET

Logement
1 chambre : 75-90€
Restauration
1 plat : 8-15€
Sorties
1 bière : 2-3,50€
1 entrée en club : 6-20€
Visites
1 entrée au musée : 6-20€

JOURS FÉRIÉS
- 1er janvier
- Vendredi saint (avant Pâques)
- Lundi de Pâques
- 1er mai
- Jeudi de l'Ascension
- Lundi de Pentecôte
- 3 octobre ("Jour de l'Unité allemande", fête nationale commémorant la réunification de 1990)
- 25-26 décembre

INTERNET

POINTS INTERNET
***Spätis* (*spät* : tard)**
Épicerie, Internet, imprimantes, etc.
En général, tlj. 8h-0h
Wifi / *Wlan*
Répandu dans les cafés, restaurants, lieux publics, etc.

HORAIRES

DÉCALAGE HORAIRE
Aucun décalage entre Berlin et Paris.

JOURS FÉRIÉS ET FERMETURES
Attention, la trêve de fin d'année (25 déc.-1er jan.) et le w.-e. de Pâques (ven.-lun.) sont très respectés : de nombreux restaurants et commerce sont fermés.

RESTAURANTS
Déjeuner vers 12h30-15h, dîner vers 20h-23h.

BOUTIQUES
En général, lun.-sam. 10h-18h (boutiques), 10h-20h (grands magasins).

MUSÉES
En général, fermés lun. (musées nationaux) ou mar., 24 déc. et 31 déc.-1er jan. Parfois, nocturnes le jeu. (20h).

SORTIES
Nuits longues et bars ouverts jusqu'au tout dernier client.

FORMALITÉS
Les citoyens de l'Union européenne peuvent entrer en Allemagne avec une carte d'identité ou un passeport en cours de validité.

MÉTÉO

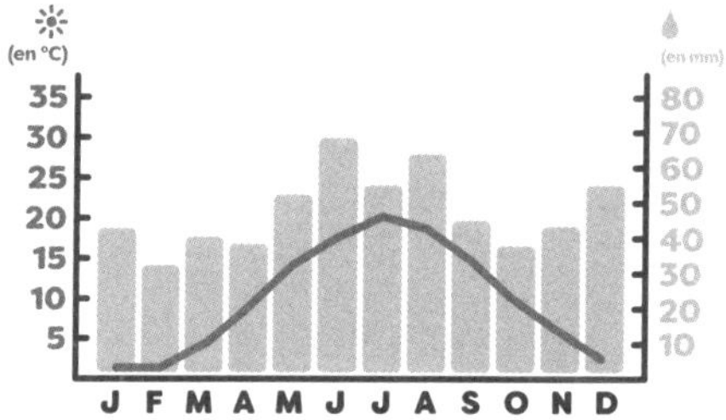

BERLIN EN LIGNE
Site de l'office de tourisme :
→ www.visitberlin.de
Site de la municipalité :
→ www.berlin.de
Musées de la ville :
→ www.museumsportal-berlin.de
Musées nationaux :
→ www.smb.museum

BERLIN EN CHIFFRES
- 3,7 millions d'habitants (4 203 habitants/km²)
- 892 km2 de superficie (8 fois Paris)
- 12 arrondissements (*Bezirke*) dirigés par un maire
- 175 musées
- 2 500 espaces verts
- 1 600 Döner-Kebab

QUAND PARTIR ?
Berlin a un climat continental sec avec des étés chauds (17-30°), des hivers froids et neigeux (-10°), des printemps et des automnes doux.
La meilleure période va de mai à septembre, quand les Biergarten et les festivals battent leur plein ! Gare aux pics touristiques en juillet-août et lors des fêtes de fin d'année. Réserver vos hébergements à l'avance (6 à 8 semaines) de juin à septembre, entre Noël et la Saint-Sylvestre, à Pâques et lors des grands événements

VISITES

PASS ET CARTES DE RÉDUCTION

Welcome Card
Transports en commun illimités et réductions sur les principaux musées et attractions.
→ www.berlin-welcomecard.de De 2 j. (23/28€) à 6 j. (49/52€)

Museum Pass
→ Pass pour le Museumsinsel et plusieurs musées.
www.visitberlin.de 29€/3 j.

ÉLECTRICITÉ

Même prise et même voltage qu'en France, pas besoin d'adaptateur.

INFOS

BERLIN TOURIST INFO

Centrale téléphonique
› Tél. 030 25 00 23 33
Lun.-sam. 9h (10h sam.)-18h

Brandenburger Tor (**A** B2)
→ Pariser Platz Tlj. 10-18h

Hauptbahnhof (**B** A4)
→ Europaplatz 1
Entrée nord rdc Tlj. 9h-19h

Humboldt Forum (**A** E2)
→ Schlossplatz, Portal V
Tlj. 11h-19h

ARRIVER

EN AVION
Berlin compte deux aéroports.
→ **Tél. 030 60 91 11 50**
www.berlin-airport.de
Flughafen Schönefeld (SFX)
20 km au sud-est de la ville.
- **En bus** | 40–60 min | 3,80€
Bus X7 ou X71 + U-Bahn U
- **En AirPort Express** | 30 min | 3,80€
Train RE7/RB14.
- **En S-Bahn** | 40 min | 3,40€
Lignes S9 et S45.
- **En taxi** | 40–60 min | 40€

Berlin Brandenburg Airport (BER)
→ **ber.berlin-airport.de**
Mêmes liaisons entre l'aéroport et le centre-ville que pour Flughafen Schönefeld.

EN TRAIN
Deutsche Bahn
→ **www.bahn.de**
5 réseaux (+ S-Bahn) : ICE (grande vitesse), IC/EC (avec arrêts), RE et IRE (régional et inter-régional express) et RB (avec arrêts).
Gares
- Hauptbahnhof (**C** A4)
Gare centrale
- Ostbahnhof (**C** C3)
Est (Francfort)
- Gesundbrunnen (**B** C1)
Nord (Hambourg)
- Südkreuz (hors plan **D** A4)
Sud (Munich, Vienne)
- Berlin-Spandau (hors plan **F** A1)
Ouest (Hanovre)

EN BUS
De Paris, 14h de trajet.
Billet à partir de
40€. Plusieurs compagnies, dont :
→ **www.flixbus.fr**

SE DÉPLACER

TRANSPORTS EN COMMUN
Informations
La BVG gère les 3 zones (ABC), sauf le S-Bahn.
→ **Tél. 030 194 49 www.bvg.de**
U-Bahn 10 lignes de métro.
S-Bahn 15 lignes de train urbain.
Bus Env. 165 lignes.
Tram 22 lignes surtout à l'Est.
Horaires
Service classique Dim.-jeu. 4h-1h, ven.-sam. 24h/24 (sauf U-4 et U-55)
Nachtlinien Toute la nuit : 45 lignes de bus, 9 de tram. Dim.-jeu. 1h-4h
Tickets
En vente dans les gares, les stations de U-Bahn et sur les quais de S-Bahn.
- **Kurzstrecke** Trajet court : 2€ pour 6 arrêts (bus/tram) ou 3 stations (UBahn/S-Bahn).
- **Einzelfahrausweis** Aller simple : 3€.
- **Tageskarte** Carte 1 journée : 8,80€.
- **7-Tage-Karte** Carte 1 semaine : 36€.

Pass
Transports illimités et réductions sur les musées (Welcome Card) et attractions (City Tour Card, dont bus hop-on hop-off, etc.). Tarifs pour les zones AB et ABC (Potsdam inclus).
- **Welcome Card**
→ **De 2 j. (24/29€) à 6 j. (50/53€)**
En vente sur www.berlin-welcomecard.de
- **City Tour Card**
→ **De 2 j. (19,90/23,90€) à 6 j. (45,90/48,90€)**
En vente sur www.citytourcard.com

VÉLO
2,10€ pour le vélo dans le métro.
Location
- Prêt à vélo Berlin (**B** D3)
→ **Fehrbelliner Strasse 83 Tél. 030 24 63 79 12 www.zweitrad.de 10€/j., 60€/sem.**

En libre-service
S'enregistrer sur le site (ou l'application), puis louer son vélo par téléphone, sur l'application ou une borne.

- **Call a Bike**

→ **Tél. 069 42 72 77 22 www.callabike.de**
Abonnement 3€/an, 1€/30 min ou 9€/24h.

- **Deezer Nextbike**

→ **Tél. 030 12 08 63 64 www.deezernextbike.de**
Pass journée 3€ pour emprunts illimités pendant 24h, durée 30 min, puis 1€/30 min, max 12€/j.
Pass semaine 15€ pour emprunts illimités pendant 24h, durée 30 min, puis 1€/30 min, max 12€/j.

TAXI

- **Tarifs**

Prise en charge 3,90€, 2,30€/km pour les 7 premiers km, puis 1,65€/km (6€ pour une course jusqu'à 2km). CB acceptée.

- **Réservations**

Course minimum 5€.
→ **Taxi-Berlin Tél. 030 20 20 20**
→ **Würfelfunk Tél. 030 21 01 01**

VOITURE

Code de la route très respecté : arrêt au feu orange, priorité aux cyclistes et piétons sur les passages cloutés. Attention aux heures de pointe : 7h-9h, 16h-18h !

- **Limitations de vitesse**

30–50 km/h en ville.

- **Badge environnemental**

La vignette obligatoire (6 17,50€) s'obtient en ligne sur www.dekranorisko.fr (max. 2 sem. avant le départ) ou sur place dans les garages et stations services agréés. Amende 80€.

BATEAU

Reederei Riedel
Des circuits sur la Spree et les canaux, de 1h et 3h. Possibilité de dîner à bord. À partir de 18€.
→ **Tél. 030 629 331 94 www.reederei-riedel.de**
À partir de 10h30

SUR PLACE

SE RESTAURER

Repas
Petit déjeuner 10h-15h, déjeuner 12h-15h, dîner 18h-22h.

Usages
Le matin, copieux petit déjeuner (*Frühstück*) mêlant petits pains (*Brötchen*) à la confiture, au fromage et à la charcuterie. Repas léger ou snack à midi, et dîner consistant le soir.

SPÉCIALITÉS

***Currywurst* :** saucisse au curry avec ketchup
***Bulette* :** boulette de viande hachée épicée
***Würzfleisch* :** Ragoût de viande épicée (porc ou volaille), nappée de sauce et de fromage
***Eisbein auf Sauerkraut* :** jambonneau sur choucroute
***Berliner Weisse* :** bière blanche avec sirop de framboise ou à l'aspérule.

Restaurants
Imbiss
Snacks (camionnettes, comptoirs ou petits restaurants) servant à tout moment *Currywurst*, Döner kebab, Falafels, pizzas, etc., à petit prix.
Biergarten
En été, jardins parés de grandes tables et bancs en bois. Pour une bonne bière avec une saucisse : convivial et typiquement allemand !
Kneipe
Troquets qui servent boissons, sandwichs et repas légers.

SHOPPING

Centres commerciaux nombreux et petites boutiques cachées, souvent alternatives.

Centres commerciaux
Galeria Kaufhof (C B2)
→ Alexanderplatz 9 Tél. 030 24 74 30
Lun.-sam. 10h-20h
Potsdamer Platz Arkaden (E D4)
→ Alte Potsdamer Strasse 7 Tél. 030 255 92 70
Lun.-sam. 10h-21h

Boutiques
Créateurs mode, design
Autour de Fasanenstrasse (**F** E3-E4), de Hackescher Markt (**B** D4), et de Friedrichstrasse (**A** C1-C4).
Friperies
Oderberger Str. (**B** E2) et Bergmannstrasse (**D** B3)
Musique
Wühlischstrasse (**C** F3), Oranienstrasse (**D** C1-D2) et Bergmannstrasse (**D** B3).

Antiquités
Suarezstrasse (**F** B3), Keithstrasse (**E** A4) et Goltzstrasse (**E** B6).

Puces (Flohmärkte)
Berliner Trödelmarkt Tiergarten (F E2)
Les plus connues.
→ Strasse des 17. Juni W.-e. 10h-17h
Trödelmarkt Boxhagener Platz (C F3)
Les plus originales.
→ Dim. 10h-18h
Trödelmarkt am Arkonaplatz (B D2)
Les plus branchées.
→ Dim. 10h-16h
Flohmarkt am Mauerpark (B C2-D2)
Les plus éclectiques.
→ Bernauer Strasse 63-64 Dim. 9h-18h

SORTIES

Nombre de bars à cocktails, Kneipen, Biergarten, clubs, centres culturels et lieux de rencontre en tout genre. Grande tolérance envers le look branché, classique, destroy : tout est permis ! Souvent gratuit avant 23h ou 0h.

Réservation spectacles
Opéras et grandes salles parfois complètes plusieurs mois à l'avance.
Abendkasse
Inscription sur liste d'attente, pour des réservations non retirées.
→ Le jour même, sur place 1h-1h30 avant le spectacle

Programmes
• **En ligne**
berlin030.de : la scène berlinoise.
www.goodmorningberlin.com : la ville insolite.
• **En kiosque**
Tip : bimensuel, en allemand.
Zitty : bimensuel, en allemand.
Exberliner : mensuel, en anglais.
• **Gratuits, en allemand**
Siegessäule : mensuel gay dans les bars, clubs, etc.

VISITES GUIDÉES

Berlin on Bike (B E2)
Visites thématiques à vélo.
→ Knaackstrasse 97 Tél. 030 43 73 99 99
Mi-mars-début nov. : tlj. 8h-20h ; nov.-mi-mars : lun.-sam. 10h-16h berlinonbike.de
Berliner Unterwelten (B C1)
Passionnantes visites thématiques des souterrains de la ville : bunkers, gares...
→ Brunnenstrasse 105 Tél. 030 49 91 05 17
www.berliner-unterwelten.de En anglais
Tlj. 9h30-15h30 (horaires variables selon les périodes et les visites) Réserver en ligne

HÉBERGEMENTS

LOCATION D'APPARTEMENT

Karlito Apartmenthaus (B D3)
En plein cœur du Scheunenviertel, de grands studios très confortables à partir de 90€/nuit (jusqu'à 4 pers.). Petit déj. (10€) et vélos à louer.
→ Linienstrasse 60, Sheunenviertel
www.karlito-apartments.de

Miniloftmitte (B B3)
14 lofts ultra design, derrière une façade tout en verre et aluminium. Unique et très prisé ! 180-380€.

→ Hessische Strasse 5, Mitte
Tél. 030 847 10 90
www.miniloft.com

Auberges de jeunesse

Grand Hostel (**D** A2)
Pas de lit superposé dans cette auberge aux dortoirs gigantesques et clairs ! Vélos à louer. Pdj 7,90€. Dortoir à partir de 20€ ; double 49-69€ (sans sdb)-96€.
→ Tempelhofer Ufer 14 Kreuzberg
Tél. 030 20 09 54 50
www.grandhostel-berlin.de

The Circus Hostel (**B** D3)
Le monde entier se rejoint dans cet immeuble rouge ! Chambres rénovées, service parfait. Pdj 5€.
Dortoir 22-36€ ; double 60 (sans sdb)-89€ ; appartement env. 150€ (3 nuits minimum).
→ Weinbergsweg 1a, Mitte
Tél. 030 20 00 39 39
www.circus-berlin.de

Pfefferbett Hostel Berlin (**B** E3)
Cette auberge de jeunesse a élu domicile dans une ancienne brasserie en brique abritant aussi un centre culturel, des galeries d'art, un *Biergarten* et des clubs ! L'été, jardin luxuriant, où l'on refait le monde depuis son transat ! Babyfoot, table de ping-pong et billard dans le lobby. Pdj 7€, dortoir à partir de 26€ et 34€/pers. (6 et 4 lits), double 94€.
→ Christinienstr. 18-19, Mitte
Tél. 030 93 93 58 58
www.pfefferbett.de

Generator Hostel (**B** C4)
Dortoirs flashy, déco urbaine et panneaux de bois dans cette auberge située dans un quartier vibrant. Pdj 6€. Dortoir à partir de 36€ ; double env. 120€, pour quatre env. 150€.
→ Oranienburger Strasse 65, Mitte
Tél. 030 921 03 76 80
www.generatorhostels.com

Hôtels

Pension Funk (**A** B1)
Ancienne demeure de la star du cinéma muet Asta Nielsen, cet hôtel fin XIXe s. aux fenêtres Art nouveau offre des chambres aérées dans une rue arborée voisine du Ku'Damm.
55 (sans sdb)-103€.
→ Fasanenstrasse 69, Charlottenburg
Tél. 030 882 71 93
www.hotel-pensionfunk.de

Arte Luise Kunsthotel (**A** B1)
Chacune des 50 chambres est une œuvre conçue par un artiste qui lui a donné son nom, comme ce "rêve" de Dieter Mammel : un lit de bois avec, au mur, une toile du peintre. Réserver à l'avance. Pdj 11€ sur res., sinon 15€.
56-169€.
→ Luisenstrasse 19, Mitte
Tél. 030 28 44 80
www.luise-berlin.com

Pension Peters (**F** E3)
Pour profiter des boutiques et terrasses autour de Savignyplatz, 34 chambres aux grandes fenêtres. Pdj 8€. À partir de 79€.
→ Kantstrasse 146, Charlottenburg
Tél. 030 312 22 78
www.pension-peters-berlin.de

Hüttenpalast (**D** E3)
Un camping à l'hôtel, dans Neukölln ! 7 caravanes customisées et 5 cabanes en bois parfaites pour les enfants, et des sanitaires à partager. Chambres pour les moins aventuriers, jusqu'à 4 pers. Pdj 10,50€. 80-100€ (caravane pour 1 ou 2), 100-140€ (chambre).
→ Hobrechtstrasse 66, Neukölln
Tél. 030 37 30 58 06
www.huettenpalast.de

Hotel Gunia (**E** B5)
Hauts plafonds, moulures et dorures, les chambres de ce bâtiment vieux de 300 ans ne manquent pas de charme. 75-100€.

→ Eisenacher Strasse 10, Schöneberg
Tél. 030 218 59 40
www.hotelgunia.de

Hotel Art Nouveau (**F** C4)
21 chambres à thèmes, de toutes les couleurs et d'inspiration italienne, japonaise... Charme et confort. Pdj 14€. 89-149€.
→ Leibnizstrasse 59, Charlottenburg
Tél. 030 327 74 40
www.hotelartnouveau.de

Hotel Johann (**D** C2)
Un charmant hôtel hors des sentiers battus, au bord du Landwehrkanal. Amples volumes et mobilier design pour les 33 chambres. Belle cour. Pdj 13€. À partir de 94-116€.
→ Johanniterstrasse 8, Kreuzberg
Tél. 030 225 07 40
www.hotel-johann-berlin.de

Hotel Vier Jahreszeiten Berlin City Kreuzberg (**D** E2)
49 chambres et une suite flambant neuves, près des commerces de l'Oranienstrasse. Décoration épurée, vastes sdb. Pdj 15€. 107-179€.
→ Skalitzer Strasse 36, Kreuzberg
Tél. 030 627 35 280
www.vj-hotels.com

Nhow Berlin (**C** E4)
304 chambres futuristes signées Karim Rashid : des courbes roses dédiées à la détente et à la musique, l'hôtel disposant de guitares à louer et de studios d'enregistrement ! Vues sur la Spree. Pdj 24,90€. 108-280€ (tarifs avec ou sans petit déj.).
→ Stralauer Allee 3, Kreuzberg
Tél. 030 290 29 90 / 030 22 38 85 99 (rés.)
www.nh-hotels.com

Honigmond Garden Hotel (**B** B3)
En plein centre-ville, chambres et appartements romantiques s'ordonnent autour d'un jardin et de son étang à carpes. Non loin, la maison principale : *Tieckstrasse 11* (**B** C3). Pdj 12€. 119-240€.
→ Invalidenstrasse 122, Mitte
Tél. 030 28 44 550
www.honigmond.de

Michelberger Hotel (**C** E4)
119 chambres très tendance, pour couples, groupes ou familles : dortoirs aux allures de colocation, chambres à thème "Or" ou "Chalet" et lofts dans l'air du temps. Produits bio au restaurant. Pdj 22€. 118-294€, suite avec sauna 470€.
→ Warschauer Strasse 39-40, Friedrichshain
Tél. 030 29 77 85 90
www.michelbergerhotel.com

Hotel Q ! (**F** D3)
Pour un réveil très tonique, certains lits de cet hôtel au design contemporain sont équipés d'une baignoire ! Excellent spa. Pdj 18€. 115-310€.
→ Knesebeckstrasse 67, Charlottenburg
Tél. 030 810 06 60 www.hotel-q.com

25hours Hotel Bikini (**F** F3)
149 chambres design, mêlant bois clair et tons chauds, donnent pour certaines sur le zoo ! Pdj 21€. 167-277€.
→ Budapesterstrasse 40 Charlottenburg / Zoo
Tél. 030 120 221 255
www.25hours-hotels.com

Ackselhaus (**B** F3)
Dans une petite rue à 5 min de Kollwitzplatz, des chambres à thème ("honeymoon", "China"...) décorées avec goût. Pdj dans le Café Club del Mar voisin. 180-290€.
→ Belforter Strasse 21, Prenzlauer Berg
Tél. 030 44 33 76 33
www.ackselhaus.de

Hotel Adlon Kempinski (**A** B2)
Juste en face de la porte de Brandebourg, le palace de légende qui accueillait Rockefeller, Charlie Chaplin ou Marlene Dietrich a été restauré dans un luxe absolu ! À partir de 247€.
→ Unter den Linden 77, Mitte
Tél. 030 226 10
www.kempinski.com

LEXIQUE

EXPRESSIONS UTILES

Bonjour : guten Tag (matin), guten Abend (soir)
Au revoir : auf Wiedersehen, tschüss
Comment allez-vous ? Wie geht es Ihnen ?
S'il vous plaît : bitte
Merci : danke, danke schön
Je vous en prie : bitte schön
Excusez-moi : entschuldigung
Je ne parle pas l'allemand : Ich spreche nicht deutsch
Je ne comprends pas : Ich verstehe nicht
Combien coûte... ? Wie viel kostet ... ?
Où est... ? Wo ist... ?
Je cherche... Ich suche...
Je voudrais... Ich möchte...

TEMPS

Aujourd'hui : heute
Demain : morgen
Matin : Morgen
Après-midi : Nachmittag
Soir : Abend
Quelle heure est-il ? Wie spät ist es ?
À midi : mittags
À minuit : um Mitternacht
Lundi : Montag
Mardi : Dienstag
Mercredi : Mittwoch
Jeudi : Donnerstag
Vendredi : Freitag
Samedi : Samstag
Dimanche : Sonntag

TRANSPORTS ET REPÈRES

Métro : U-Bahn
Bus : Bus
Arrêt de bus : Bushaltestelle
Bateau : Boot, Schiff
Station de taxis : Taxistand
Car : Waggon
Train : Zug
Gare : Bahnhof
Gare routière : Busbahnhof
Vélo : Fahrrad
Voiture : Auto
Rue : Strasse
Place : Platz
Maison : Haus
Pont : Brücke
Ville : Stadt
Château : Schloss
Musée : Kunstmuseum
Église : Kirche
Mairie : Rathaus
Office du tourisme : Fremdenverkehrsamt
À gauche : links
À droite : rechts
Tout droit : geradeaus
Je me suis perdu : Ich habe mich verirrt

SIGNALÉTIQUE

Entrée : Eingang
Sortie : Ausgang
Escalier : Treppe
Toilettes : Toiletten, Klo
Hommes : Männer
Femmes : Frauen
Interdit : Zutritt verboten
Ouvert : geöffnet
Fermé : geschlossen

HÉBERGEMENT

Auberge de jeunesse : Jugendherberge
Chambre simple / double : Einzelzimmer / Doppelzimmer
Chambre d'hôte : Gästezimmer, Pension
Complet : Ausgebucht
Douche / baignoire : Dusche / Badewanne
Drap : Laken
Oreiller : Kopfkissen
Couverture : Decke
Je voudrais réserver une chambre : Ich möchte ein Einzelzimmer / Doppelzimmer buchen
Petit déjeuner inclus : inklusive Frühstück
Réservation : Reservierung

RESTAURATION

Avez-vous une table pour deux ? Haben Sie einen Tisch für zwei Personen ?
Pouvez-vous me donner l'addition ? Können Sie mir bitte die Rechnung bringen ?
Sur place : vor Ort
À emporter : zum Mitnehmen
Entrée : Vorspeise
Plat principal : Hauptgericht
Dessert : Nachtisch
Carte : Speisekarte
Plat du jour : Tagesgericht
Eau : Wasser
Sprudelwasser : eau pétillante

ARGENT

Gratuit : kostenlos, gratis
Cher : teuer
Bon marché : billig
Tarif réduit : ermäßigter Tarif
Distributeur : Geldautomat

INDEX

Les noms de rues, de monuments et de lieux de visite, classés par ordre alphabétique, sont suivis d'un carroyage, dont la lettre en gras A, B, C... indique le quartier et la carte correspondante. renvoie aux "Incontournables" (p. 4).

RUES

MONUMENTS ET LIEUX DE VISITE

Guides CARTOVILLE Gallimard
5, rue Gaston-Gallimard
75007 Paris
cartoville@gallimard-loisirs.fr
guides-gallimard.fr

Auteurs
Leslie Guilbot,
Séverine Bascot,
Hélène Le Tac,
Jim Charmetant,
Sylvie Lohr
À Berlin
Alexandra Roullé,
Nejwa Bettaz,
Susanne Bleier-Wilp,
Miryam Harrat

Mise à jour
Roma Accart

Direction éditoriale
Hélène Firquet

Édition
Vincent Grandferry

Suivi éditorial
Anne-Sophie Glavet

Responsable artistique
Flora Monnin

Fabrication
Christine Lopes,
Julien Recurt

Relations presse
Sophie Gallet

Responsable coéditions et partenariat
Mathilde Barrois

Partenariat BtoB et régie pub
manon.aveline@gallimard-loisirs.fr

Édition mise à jour,
publiée en 2023

Lecture-correction
Fabienne Texier

Cartographie
EdiCarto
© Gallimard Loisirs.
Plan des transports publics © BVG

Photographies
Séverine Bascot.

Leslie Guilbot pour :
A Ach Berlin
A ★ Pergamon museum, Tränenpalast, Checkpoint Charlie
B Tausche
B ★ Gedenkstätte Berliner Mauer
C House of Weekend, Kater Blau, Victoria met Albert
C ★ Topographie des Terrors, Karl-Marx-Allee / Café Sibyll
D Burgermeister
D ★ Park am Gleisdreieck
E Café Einstein Stammhaus, HobbyShop Wilhelm Rüther, Teehaus im Englischen Garten, Fräulein Anders
E ★ Museum für Film und Fernsehen
F KMP, Monkey Bar, Bikini Berlin
F ★ C/O Berlin.

Florian Wizorek pour :
D Watergate
Berlin en 3 jours
Écouter la meilleure techno.

Shutterstock pour :
Couverture
Oberbaume © Ugis Riba, Panorama © frank_peters
Bienvenue à Berlin
Reichstag ©Perekotypole
Incontournables
Brandenburger Tor © Pippa West, Museuminsel © Turtix, Reichtag © IH-Images, Jewish memorial in Berlin © Mekawy Potzdamer Platz © Noppasin Wongchum, Charlottenburg © Chiakto Jüdisches Museum © Andreas Krumwiede, Alexanderplatz © 4kclips, Mémoriaux du Mur © robertonencini,
Berlin Autrement
Spree River © Sabina-Feldmann, Piano © Corrado Baratta, Berlin Tempelhof © katatonia82, Bière © thegoodsamariter, Poisson fumé © anela.k
Berlin en 3 jours
East Side Gallery © michelangeloop
Repères
© Mo Photography Berlin
A ★ Humboldt Forum
B Prater © Bokehboo Studios
B ★ Museum fuer Gegenwart © hanohiki, Sophienstrasse © hinterhof
C ★ East Side Gallery © ilolab
E Philarmonie © posztos
E ★ Reichstag © Neirfy, Tiergarten © Pani Garmyder, Panoramapunkt © Kris Ivanov
Balades
Band des Bundes © Ross Helen
Environs
Forêt de Grunewald © Manuel Frauendorf, Potsdam © Posztos.

Autres :
Berlin Autrement
Minigolf © Black Light Mini Golf Berlin
B Hackescher Hof © Hackescher Hof Restaurant & Café
B ★ Sammlung Boros © NOSH
D ★ Museum der Dinge © Werkbundarchiv - Museum der Dinge/ Armin Herrmann
E ★ Gemäldegalerie, © Anne-Sophie Glavet
Balades Bernauer Strasse © visitBerlin / Dagmar Schwelle, Alternative Berlin Tours © Florence Lagrange-Leader

1er dépôt légal : octobre 2000
Dépôt légal : janvier 2023
Numéro d'édition : 547713
ISBN 978-2-7424-6438-8
Photogravure : Desk (Laval).
Imprimé en Chine par C&C Offset.

Transports à Berlin